Pam Grout

Entfessle deine Kreativität

Pam Grout

ENTFESSLE DEINE KREATIVITÄT

52 Projekte für ein kreatives Leben

Aus dem amerikanischen Englisch
von Angelika Hansen

IRISIANA

Die amerikanische Originalausgabe erschien 2017 unter dem Titel »Art & Soul Reloaded«.

Die Informationen in diesem Buch sind von Autorin und Verlag sorgfältig erwogen und geprüft, dennoch kann eine Garantie nicht übernommen werden. Eine Haftung der Autorin bzw. des Verlags und seiner Beauftragten für Personen-, Sach- und Vermögensschäden ist ausgeschlossen.

Der Verlag weist ausdrücklich darauf hin, dass im Text enthaltene externe Links vom Verlag nur bis zum Zeitpunkt der Buchveröffentlichung eingesehen werden konnten. Auf spätere Veränderungen hat der Verlag keinerlei Einfluss. Eine Haftung des Verlags ist daher ausgeschlossen.

MIX
Papier aus verantwortungsvollen Quellen
FSC® C083411

Verlagsgruppe Random House FSC® N001967

1. Auflage
© 2017 der deutschsprachigen Ausgabe by Irisiana Verlag, einem Unternehmen der Verlagsgruppe Random House GmbH, Neumarkter Straße 28, 81673 München
Umschlaggestaltung: Geviert, Grafik & Typografie
Satz: Uhl + Massopust, Aalen
Druck und Bindung: CPI books GmbH, Leck
Printed in Germany
ISBN: 978-3-424-15337-8

Dies hier ist für Taz, der kreativste Mensch,
der mir je begegnet ist.

Inhalt

Vorwort 13
Einführung 15

Erschaffen. Tanzen. Emporsteigen. 19

Teil 1: Ihren inneren Salieri bekämpfen 25
Woche 1: Strahlen Sie! 29
Woche 2: Kenne deinen Feind 35
Woche 3: Tun Sie das Richtige 41
Woche 4: Sie wissen bereits wie 47
Woche 5: Mut zum Mittelmaß 54
Woche 6: Angst und Unsicherheit, weichet!
Ich muss was Brillantes erschaffen. 60
Woche 7: Kleine Schritte 65
Woche 8: Die Musen herbeilocken. 70
Woche 9: Zeit finden 75
Woche 10: T.E.T. – Tu es trotzdem 81
Woche 11: An die Arbeit, Freunde! 87
Woche 12: Künstler, heile dich selbst. 93
Woche 13: Invasion der Körperfresser. 98

Teil 2: Das Göttliche anzapfen 103
Woche 14: »Es ist überall, einfach überall!« 107
Woche 15: Sie sagen, Sie wollen eine Revolution 112
Woche 16: Die wahren Geschenke der Kreativität 117

Woche 17: Das G-Wort 123
Woche 18: Goldgräber der Kunst 129
Woche 19: Ihre eigene Bibel schreiben 134
Woche 20: Auf die eigene Stimme hören 139
Woche 21: Gott zum Ruhm 144
Woche 22: Es war einmal… 149

Teil 3: Kill Bill 155
Woche 23: Mythos Nr. 1: Um Kunst zu machen, braucht man Geld 158
Woche 24: Mythos Nr. 2: Um Kunst zu machen, braucht man die Zustimmung von Profis 165
Woche 25: Mythos Nr. 3: Kunst machen ist kein *richtiger* Job 171
Woche 26: Mythos Nr. 4: Echte Künstler haben in der Schule gelernt, wie man es richtig macht 176
Woche 27: Mythos Nr. 5: Wahre Künstler sind Genies . . 181
Woche 28: Mythos Nr. 6: Künstler haben viel mehr Talent als ich 187
Woche 29: Mythos Nr. 7: Kunst zu machen erfordert endlose Opfer 192
Woche 30: Mythos Nr. 8: Künstler sind Freaks, völlig anders als Sie und ich 198
Woche 31: Mythos Nr. 9: Bestimmte Voraussetzungen sind nötig, um Kunst machen zu können 204

Teil 4: Kreatives Kapital erwirtschaften 213
Woche 32: Die Macht des lila Buntstifts 217
Woche 33: Ohne Glauben geht's nicht 222
Woche 34: Den Brotkrumen folgen 228
Woche 35: Oh, was einem alles so einfallen kann! 233
Woche 36: Lieblingssteine, Muttern und Klebeband 238

Woche 37: Kreative Komplizen ... 244
Woche 38: Die kostbare Perle des Misserfolges ... 248
Woche 39: Mit Karacho und Caramba ... 254
Woche 40: Ja und ... 259
Woche 41: Geschenke vom Universum ... 264

Teil 5: Freude für die Welt ... 269
Woche 42: Machen Sie ein Lied draus ... 273
Woche 43: Arbeiten, um die Welt zu heilen ... 279
Woche 44: Keine halben Sachen – es geht ums Ganze ... 286
Woche 45: Was will das Universum durch Sie zum Ausdruck bringen? ... 291
Woche 46: Das innere wilde Kind ... 296
Woche 47: Mut ... 301
Woche 48: Zum Tango gehören immer zwei ... 306
Woche 49: A little help from our friends ... 312
Woche 50: Eine stolze Sippschaft ... 319
Woche 51: Das Leben feiern ... 325
Woche 52: Das einzige Buch, das Ihr Leben verändern wird, ist das, was Sie selbst schreiben ... 330

Nachwort ... 335

*»Was ist, wenn Vorstellungskraft und Kunst
nicht das Sahnehäubchen auf dem Kuchen sind,
sondern der Urquell aller menschlichen Erfahrung?«*

– Rollo May, existenzialistischer Psychologe

Vorwort

»Gib zu, dass du ein Künstler bist.
Gib zu, dass du es seit Anbeginn der Zeit gewusst hast.«

– Rumi, persischer Dichter des 13. Jahrhunderts

Ich habe dieses Buch vor 18 Jahren geschrieben. Bis zu *E²*, dem internationalen Bestseller, der mein Leben verändert hat, war es mein absoluter persönlicher Favorit. Es entsprang meinen eigenen kreativen Fragen, meinem eigenen Ringen um die Kunst. Angetrieben von meinem Wunsch, mit dem größeren Ding da draußen in Kontakt zu kommen, das – soweit ich sagen konnte – mich irgendwie dazu ausersehen hatte, Autorin zu sein, mich aus mir unbekannten Gründen mit den Fähigkeiten gesegnet hatte, diesen Job zu machen.

Seither habe ich festgestellt, dass immer dann, wenn ich um die Hilfe meiner Musen, des Universums oder Gottes bat, mein Schreiben reibungsloser dahinfloss. Ich merkte, dass meine Kreativität am besten funktionierte, wenn ich meine eigenen verqueren Stimmen außer Acht ließ und einverstanden war, einfach da zu sein und wie eine Satellitenschüssel zu agieren. Kreativität, so scheint es, hat viel gemeinsam mit Spiritualität – und vielleicht ist es letzten Endes dasselbe.

Sobald ich mich dem größeren Ding hingab, schienen alle möglichen unerwarteten Wunder eigens für mich arrangiert zu werden. Neue Schreibprojekte, der perfekte Spruch, die exakte Quelle, die ich brauchte, all das offenbarte sich auf überraschende, geheimnisvolle Weise.

Dennoch, die erste Inkarnation von *E*² (ursprünglich debütierte es als *God Doesn't Have Bad Hair Days*) und die 18 Jahre alte Version dieses Buches erlitten das gleiche Schicksal. Beide waren bereits kurz nach ihrem jeweiligen Debüt vergriffen. Ironischerweise waren diese zwei persönlichen Favoriten die einzigen meiner 18 Bücher, bei denen es so lief.

Vor einigen Jahren erweckte ich *Hair Days* wieder zum Leben, gab ihm den Titel *E*², und schließlich fand es sein Publikum. Ich habe volles Vertrauen, dass es mit diesem Buch genauso laufen wird.

Also, was ich damit sagen will, ist: Ich liebe dieses Buch noch immer. Ich glaube, dass es eine zeitlose Botschaft enthält. Ich hoffe, Sie sehen das genauso.

Einführung

»Früher war ich gefährlich. Ich habe keine Ahnung, was passiert ist.«

– JUDITH MOORE, aus dem Film *Wachgeküßt*

Mein Leben lang war ich ein heimlicher Bohemien. In einer kleinen Stadt in Kansas aufgewachsen, Tochter eines Predigers, Schülerin mit Bestnoten und superbrav, sehnte ich mich in Wahrheit immer danach, ein wildes, ungeheuerliches Leben zu führen.

Nach außen hin war ich Pam Grout, junger Erfolgsmensch. Doch innerlich bin ich seit jeher Isadora Duncan gewesen.

Flüchtige Einblicke in dieses Alter Ego schlichen sich wann immer möglich heran. In der Volksschule ging ich im Pyjama zum Kuchenbasar in der Kirche und erzählte den Leuten, dass unsere Jugendgruppe Geld sammelte, um mich in ein nicht näher definiertes, aber »spezielles« Heim zu schicken. Das Ganze geschah, wie ich vielleicht hinzufügen sollte, ohne die Zustimmung meines Prediger-Vaters.

Im Clownskostüm, mit einer Nixon-Maske auf dem Kopf, fuhr ich auf Rollschuhen durch die Flure meiner Highschool. Ähnlich im College, wo ich wieder mit einer Maske und Rollschuhen auftauchte, allerdings trug ich diesmal einen Bikini und ein Schild, auf dem stand: »Auf zu Quadratlatschen-A-Go-Go«.

Nach dem College versuchte ich es in der freien Marktwirtschaft, stellte jedoch schnell fest, dass die obere Führungsebene dazu neigt, Flip-Flops und knöchelhohe Sneakers nicht gutzuheißen. Also begann ich, Artikel und Persönlichkeitsprofile von Menschen zu schreiben, die Häuser aus zusammengerollten Zeitungen bauen oder Nüsse sammeln und Filme über Meerschweinchen drehen.

So sehr ich den heiligen Franz von Assisi mag, bin ich dennoch zu der Erkenntnis gelangt, dass ich wilde Leute noch toller finde. Leute, die Bäume umarmen, auf Harleys durch die Gegend brettern, ihre Nasen piercen. Leute, die außerhalb der Glockenkurve leben, die der Norm den Rücken gekehrt haben. Jeder Art von Norm.

Trotz dieser krassen Verirrungen fühle ich mich die meiste Zeit immer noch wie Wackelpudding ohne Geschmack. Ja, ich möchte das Mark aus dem Leben saugen, Sorbas der Grieche sein. Doch gleichzeitig möchte ich, dass die Leute mich mögen.

Also folgte ich den Regeln. Mähte meinen eigenen Rasen. Achtete darauf, wohin ich trete, um sicherzugehen, dass ich alles richtig mache.

Eines Tages wachte ich auf und erkannte, dass mein kühnes Isadora-Duncan-Selbst einem faden, einsamen Leben Platz gemacht hatte. Anstatt mit den wilden Wölfen zu rennen, musste ich mir eingestehen, dass ich mit den lahmen Lemmingen dahinkroch. Meine verrückten Ideen, meine ungeheuerlichen, fantastischen Träume waren beiseitegedrängt worden, schwanden allmählich dahin, und an ihre Stelle waren die frisch gemähten Rasen der Vorstädte getreten.

Ich weiß nicht wirklich, wie es so weit kommen konnte. Es ist wie mit dem Frosch und dem Wasser. Man kann ihn nicht ins kochende Wasser werfen. Er würde schneller rausspringen, als Sie *gebratene Froschschenkel* sagen könnten. Doch wenn Sie

die Hitze langsam höherdrehen, ein winziges Grad nach dem anderen, merkt er nicht einmal, dass er gekocht wird.
Genauso würden wir uns sofort zur Wehr setzen, wenn »jemand« – wer immer dieser »jemand« auch ist – versucht, uns mit dem Holzhammer die Originalität auszutreiben. Doch viele klitzekleine Nadelstiche später stimmen wir zu, verhalten uns zunehmend konform und geben alles auf, was Spaß macht und unser ursprüngliches, authentisches Selbst ausmacht.
Dieses Buch handelt davon, auszubrechen, sich zu befreien, aus dem kochenden Wasser zu springen, egal wie lange Sie schon vor sich hin geköchelt haben.
Ich habe gehört, dass wir lehren, was wir wissen möchten. In diesem Fall lehre ich, was ich *tun* möchte. Ich möchte mich als Engel verkleiden, ohne Gepäck reisen, am Morgen aufstehen und entscheiden, wer ich bin und was ich sein will. Ich möchte mit anderen Bohemiens rumhängen, Menschen, denen tolle Ideen mehr wert sind als tolle Häuser.
Ich möchte mich mit Freunden in Cafés treffen zum Schreiben. Ich möchte Samstagabende damit verbringen, Wände zu bemalen, Geschichten zu erzählen und Scharaden zu spielen. Ich möchte meine tanzende, verwegene, kühne Seite mit anderen teilen.
Jahrelang habe ich diese Seite verneint, mich stattdessen auf diese andere Person fixiert, dieses defekte Selbst. Ich war so damit beschäftigt, Affirmationen runterzuspulen, Bücher zu lesen und zu versuchen, diese gebrochene Heuchlerin zu heilen, dass ich vergessen hatte, dass mein »wahres Ich«, dieses verrückte, spleenige Leuchtkäfer-Ich, genau das ist, wonach ich gesucht hatte.
Ich hoffe, *Entfessle deine Kreativität* ist genau das, wonach Sie gesucht haben. Es geht darum, Kunst zu machen, keine Frage. Doch es geht auch darum, mehr zu werden, dieses authentische Selbst zurückzuerobern, das viele von uns zusammen mit

der Malkreide unserer Kindheit abgelegt haben. Vielleicht ist Ihr Selbst nicht so unkonventionell oder »verrückt« wie meins (schließlich kommt Kreativität in den verschiedensten Formen vor), doch wir alle haben ein authentisches Selbst, dass im Laufe der Jahre in Tausende winzige Teile zerbrochen ist, genauso wie unsere früher so geliebte blau-grüne Malkreide.

In erster Linie aber ist *Entfessle deine Kreativität* die Aufforderung zu einem spirituellen Weg. Nicht nur bitten wir das größere Ganze darum, uns aufzurütteln und aufzuwecken, sondern vertrauen darauf, dass es unser Schicksal ist, etwas zu kreieren, zu erschaffen – der Weg, der uns zur Erleuchtung führt.

Der Autor Bernie Siegel nahm einmal an einer geführten Meditation teil, um Kontakt mit *seinem* inneren Führer aufzunehmen. Da er Arzt ist und in Yale studiert hat, würde man vielleicht vermuten, dass er sich auf jemand Berühmten eingestimmt hat, zum Beispiel den Engel Gabriel. Stattdessen, sagt er, kam ein Führer namens Frank durch.

Nun, in diesem Buch kriegen Sie einen Führer namens Pam, doch ich schätze, dass Sie und ich, wir gemeinsam mit den Musen und unseren Rad schlagenden, kreativen Lebensgeistern, so gut wie alles erreichen können.

Erschaffen. Tanzen. Emporsteigen.

Wie dieses Buch funktioniert

»Krempeln wir die Ärmel hoch und lassen wir uns – durch Lachen, durch Hoffen – in die tiefsten Tiefen unserer Seele fallen. Lasst uns ungehobeltes, rabiates, vernachlässigtes Material hervorzerren. Dann lasst es uns singen, tanzen, schreiben, malen. Lasst uns das Unmögliche tun.«

– Aaron Douglas, Maler und Illustrator der *Harlem Renaissance*

Dieses Buch ist eine Lehrzeit, eine tatsächlich einjährige Reise zu Ihrer kreativen Seele.

Anders als manche Bücher, die Sie auffordern, den traurigen Sumpf aufzudecken, der Sie davon abhält, schöpferisch tätig zu sein, zielt *Entfessle deine Kreativität* direkt aufs Herz: Leg' einfach los! Sie werden nicht nur alle möglichen ausgefallenen, originellen Aktivitäten entdecken, wie Gedichte mit Kreide auf Bürgersteige malen oder Dichterlesungen am Lagerfeuer, sondern jede Woche dazu eingeladen, ein kreatives Projekt in Angriff zu nehmen, wie zum Beispiel ein Selbstportrait oder einen Song.

Diese Projekte sollten einfach sein, kurz und schmerzlos.

Nichtsdestotrotz kann ich mir vorstellen, dass einige von Ihnen vielleicht protestieren und sich fragen werden, warum man sie auffordert, eine Giraffe zu kritzeln, oder irgendetwas in der Art. Aber das liegt nur an der kulturellen Programmierung, die alte Leier, die besagt, dass Kunst nicht ernst genommen werden sollte. Die alte Leier, die darauf besteht, dass einen Rap-Song zu komponieren ziemlich idiotisch ist.

Doch ich sage: »Nicht drauf hören. Keine Grenzen setzen. Einfach tun.«

Die Projekte umfassen das gesamte Spektrum – vom Schreiben bis zu den visuellen und darstellenden Künsten, vom Singen bis zum Entwickeln von Ideen für ein neues Geschäftsmodell. Geben Sie sich die Erlaubnis, völlig auszurasten. So wie Steve McQueen in *Gesprengte Ketten*, als er mit seinem Triumph-Motorrad über den Stacheldrahtzaun sprang, ist dieses Buch wie ein Ausbruch aus dem Gefängnis. Die Projekte stellen ein einfaches, doch subversives Werkzeugarsenal zur Verfügung, um die Art und Weise zu verändern, wie Sie sich selbst sehen und mit der Welt interagieren. Es ist darauf angelegt, vergnüglich, transformativ und manchmal chaotisch zu sein.

Es gibt nicht viele Anleitungen. Und das mit Absicht.

Einer der wichtigsten Leitfäden in diesem Buch lautet: »Sie müssen nicht wissen, wie«. Sie haben genug Seminare besucht, genug Bücher gelesen. Kunst zu erschaffen liegt Ihnen im Blut. Sie müssen einfach nur da sein und hinhören. Das Universum wird den Rest erledigen.

Wie der Regisseur Jon Favreau zu sagen pflegt: »Kreativität ist nicht etwas, das wir kontrollieren. Sie ist etwas, dessen wir uns bedienen.« Sie ist immer bei uns. Dieser unsichtbare, rund um die Uhr verfügbare kreative Geist rekrutiert Menschen wie Sie, neue und aufregende Projekte hervorzubringen. Er sucht kontinuierlich nach physischen Wesen, um Inspiration in eine Welt zu bringen, die danach lechzt.

Und wenn es im Moment auch nicht so scheinen mag, ist eine Verbindung mit diesem »größeren Ding« einzugehen das Wichtigste, was Sie jemals für sich selbst, und tatsächlich für die ganze Menschheit, tun können. Ich behaupte, es ist eine innere Notwendigkeit, so wichtig wie Nahrung und ein Dach über dem Kopf.

Ich habe dieses größere Ding benutzt, um 18 Bücher, 2 Drehbücher, 4 Theaterstücke und eine Fernsehserie zu schreiben. Und zwar, indem ich eine siebenzeilige Anrufung der Musen benutzt habe, die ich gleich an Sie weitergeben werde. Ihre eigene wird natürlich anders und genauso einzigartig sein wie Sie.

FACEBOOK-KONTAKT MIT DEN MUSEN

»Einen kreativen Geist zu besitzen ist letzten Endes so ähnlich, wie einen Collie als Haustier zu halten: Er muss was zu tun haben, oder er wird Ihnen endlos Schwierigkeiten machen.«

– Elizabeth Gilbert, Autorin von *Big Magic*

Jedes der 52 Kapitel (eins pro Woche) enthält das zuvor erwähnte kreative Projekt, eine inspirierende Botschaft, plus drei zusätzliche … nennen wir sie mal »verrückte Aktivitäten«.

Doch bevor Sie überhaupt einen Pinsel oder einen Stift in die Hand nehmen oder Ihre Stepptanz-Zehen zucken lassen, werden Sie zunächst einmal um Hilfe bitten. Sie werden wahrscheinlich davon ausgehen, dass es für jede Aufgabe jede Menge Anleitungen gibt, die beachtet werden müssen.

Also wollen wir uns mal die beiden rudimentären, jedoch entscheidenden Übungen anschauen.

Übung Eins: Ja sagen! Der Trick, um die Musen anzulocken, ist total einfach. *Zur Stelle sein.* Das ist alles. Die einzige Voraussetzung. So wie alles, das irgendeinen Wert hat, erfordert Kreativität, dass Sie ihr Zeit widmen. Gleich in der ersten Woche werden Sie festlegen, wie viel Zeit Sie täglich für Ihre Kreativität brauchen, und sich daran halten.

Der kreative Saft steht uns allen gleichermaßen zur Verfügung. Er ist wie ein Grundwasserspiegel unter der Erde, den Sie durch Disziplin anzapfen. Dafür brauchen Sie nichts weiter als A) den Wunsch, und B) die Bereitschaft, zur Stelle zu sein und zu graben. Es ist tatsächlich so einfach. Talent spielt dabei keine Rolle.

Betrachten Sie das Ganze mal vom Standpunkt der Musen. Wenn Sie der Welt ein wichtiges Projekt zu geben haben, würden Sie dann irgendeinen unzuverlässigen, unentschlossenen Typen aussuchen, der zu viel Angst vor Verpflichtungen hat? Oder würden Sie jemanden wählen, der jeden Tag pünktlich zur Stelle ist und so loyal wie ein Hofhund?

Übung Zwei: Bitten. Das ist der Moment, wo das Bitten – auch Bittgebet genannt – ins Spiel kommt. Wenn Sie erst einmal die Aufmerksamkeit der Musen haben, bitten Sie diese zauberhaften Wesen einfach, Ihre Fähigkeiten – welcher Art auch immer – in ihrem Sinne einsetzen zu dürfen. Bitten Sie darum, ihr Kanal zu sein. Zeigen Sie Ihre Bereitschaft, Diktate aufzunehmen. Gehen Sie an die Sache heran, indem Sie bescheiden zugeben, ein wenig Hilfe brauchen zu können. Tatsächlich besteht Ihr kreatives Projekt für Woche 2 darin, Ihre ganz persönliche Anrufung der Musen zu schreiben. Bei mir ist es ein siebenzeiliger Appell, den ich seit vielen Jahren benutze. Ich schneide den Zettel aus und klebe ihn auf jedes Projekt, das ich mir vornehme. Selbst wenn es um eine Glückwunschkarte für meine Mutter geht, würde es mir nicht im Traum einfallen, sie ohne die Hilfe dieses Appells zu formulieren.

Zusätzlich zu den Projekten gibt es jede Woche einen Essay über Kreativität und etwas, das ich »Zumba für die Seele« nenne. Diese Aktivitäten basieren allesamt auf einem riesigen Stück Butterbrotpapier, das ich an die Tür meines Arbeitszimmers im Keller geheftet habe, als meine Tochter Taz vier war. Mir der gewichtigen Aufgabe als alleinerziehender Elternteil bewusst, war ich entschlossen, mein Bestes zu geben, um sie großzuziehen. Doch gleichzeitig wollte ich weder meinen kreativen Funken verlieren noch meinen freien Geist aufgeben. Also schrieb ich mit Edding Ideen und Aktivitäten auf das ellenlange Stück Butterbrotpapier, die ich tun konnte, um mein inneres Feuer lebendig zu halten. Lustige Projekte, die ich modellieren könnte, kreative Zündfunken, die uns beiden Spaß machen würden.
Außerdem gibt es jede Woche eine kurze Anekdote über einen bekannten Künstler, jemand, der erfolgreich ist, der »es geschafft hat«. Ich nenne diesen Teil des Buches »Sie sind in guter Gesellschaft«, weil Sie schnell feststellen werden, dass »wahre Künstler« genauso sind wie Sie und ich – genauso menschlich, genauso ängstlich.
Viele von uns machen den Fehler anzunehmen, dass die großen Meister jeden Morgen aufstehen, sich einen Kaffee machen und anfangen, Geniales von sich zu geben. Weil sie uns die Sterne und den Mond zeigen, und weil sie uns an Orte führen, wo wir noch nie waren, vergessen wir, dass auch sie zuerst ihren Koffer packen mussten.
Erinnern Sie sich, wie in *Der Zauberer von Oz* Dorothys Hund, Toto, den Vorhang beiseite zieht, der Oz, den Großen und Schrecklichen, verbirgt? Nach all der Arbeit, um den Besen zu bekommen; nach all den Begegnungen mit fliegen-

den Affen, nach all der Einschüchterung, entdecken Dorothy und ihre Freunde, dass der Große Oz ein Durchschnittstyp ist, genau wie sie.

Auch kreativ arbeitende Künstler haben mit ihrer Unsicherheit zu kämpfen. Sir Laurence Olivier litt unter ungeheurem Lampenfieber; John Steinbeck fühlte sich oft wie ein totaler Versager; und George Orwell hatte sein Leben lang mit mangelnder Beliebtheit und Unsicherheit zu kämpfen.

Tatsächlich ist der einzige Unterschied zwischen Ihnen und »denen«, dass sie weiter schrieben und auf der Bühne standen, auch wenn ihnen das Herz bis zum Hals schlug und ihre ängstlichen inneren Stimmen lauthals kreischten.

Sie machten einfach weiter. Sie baten um Hilfe. Sie sagten Ja.

TEIL I

Ihren inneren Salieri bekämpfen

»Sei Loki. Sei Coyote. Sei bereit, den Suppentopf der Welt ins Wanken zu bringen. Spucke auf die Sterne, zeige dem Gremium deinen nackten Hintern, jauchze in der Kirche.«

– JANE YODER, Autorin

Wenn Sie den Film *Amadeus* (1984) gesehen haben, wissen Sie alles über Antonio Salieri, den Wiener Hofkomponisten, der eine, sagen wir ... komplizierte Beziehung mit Mozart hatte. Die künstlerische Gabe des Komponisten erkennend, war Salieri extrem eifersüchtig auf seinen jungen Schützling und tat alles, was in seinen Kräften stand, um ihn zu sabotieren.

Das ist der Grund, warum ich die Stimme, die ständig probiert, jeden noblen Versuch, kreativ zu sein, zu ersticken, meinen *inneren Salieri* nenne. Es ist die Stimme, die eine Barriere zwischen mir und allem aufbaut, was die höheren Kräfte mich zu tun auffordern. Die Stimme, die mir sagt, dass ich nicht gut genug bin, um irgendetwas von Wert zustande zu bringen. So wie ich es sehe, ist dieser hinterlistige Feind die eigentliche Ursache für alle Depressionen und alles Unglück auf der Welt. Die gute Nachricht ist, dass Sie diesen bösen Geist mit Disziplin in einen Käfig verbannen und sein Gefängniswärter werden können. Die Essays für die folgenden 13 Wochen geben einen Überblick über die vielen Verkleidungen, derer sich dieser Feind bedienen wird. Sich selbst gegen diesen inneren Salieri zu bewaffnen, ist ein Prozess, der täglich aufs Neue ausgefochten werden muss und der nur erfolgreich sein kann, indem Sie zur Stelle sind, ihm ins Gesicht starren, um Hilfe bitten und Ihren Trenchcoat lüften, um der Welt Ihr wahres nacktes inneres Ich zu zeigen, ohne sich um die Reaktionen zu scheren.

WOCHE 1

Strahlen Sie!

»Dieses kleine Licht, das meins ist.
Ich werde es erstrahlen lassen.«

– Kirchenlied

Die meisten Bücher sagen Ihnen, wie Sie etwas kriegen können – ein heißes Sexleben, dünnere Schenkel, einen höheren Gewinn bei Ihren Investitionen. *Entfessle deine Kreativität* ist ein Buch, das Ihnen sagt, wie Sie etwas *geben* können, wie Sie tief in Ihr Inneres greifen und den künstlerischen Segen ans Licht holen können, der Ihre persönliche Gabe ist, Ihr einzigartiges Talent. Das Geschenk, das kein anderer geben kann.

Vielleicht ist es ein Gedicht, das an Ihr Herz klopft. Oder vielleicht ist es ein Song, der Sie nachts wach hält; eine Geschäftsidee, die Sie nicht in Ruhe lässt. Ein Traum, den Sie immer wieder zu ignorieren versuchen und sich dabei denken: »Ausgeschlossen! Ich könnte nie so singen oder tanzen. Ich könnte nie diese Geschäftsidee verwirklichen.«

Die Zeit ist gekommen, den Traum nicht länger beiseitezuschieben.

Jeder Traum, der jemals durch Ihren Kopf getänzelt ist, ist eine Aufforderung des Universums. Eine Aufforderung, die sagt: »Ich brauche dich.«

An dem Tag, als Sie auf die Welt kamen, wurde Ihnen das Geschenk der Kreativität in die Wiege gelegt. Es ist ein Geschenk, das die Welt braucht. Gut möglich, dass Ihr Song es nie zum Karaoke-Hit schafft oder in die *Top 40* kommt. Doch irgendjemand da draußen muss ihn hören. Vielleicht ist es die 92-jährige Nachbarin, die bettlägerig ist und jedes Mal kichern muss, wenn sie Sie vor ihrem Schlafzimmerfenster singen hört: »Ich wünscht', ich wär' ein Wiener Würstchen.« Reicht das nicht schon als Grund?

Zuweilen scheint es eine beängstigende Aufgabe zu sein, Ihre Stimme dem Chor anderer Stimmen zuzugesellen. Sie fragen sich:

Was kann ich zu der wunderbar vielfältigen Kunst auf der Welt beitragen?

Wie kann ich es wagen, mich in eine Reihe mit Michelangelo, James Cameron, Prince zu stellen?

Ich würde sagen, die bessere Frage lautet: Wer sind Sie, es nicht zu tun? Welches Recht haben Sie, die Stimme zu leugnen, die Ihnen jeden Morgen, jeden Nachmittag und jeden Abend ins Ohr flüstert, wenn Sie sich endlich zurückziehen, müde und erschöpft davon, ständig die Hand des Großen Ideengebers auszuschlagen?

Aber ist nicht bereits alles gesagt worden?

Bis wir nicht Ihre ganz persönliche Version der Geschichte von dieser wilden Welt voller Freuden hören, ist noch viel zu sagen. Jeder Mensch betrachtet den Sonnenuntergang mit etwas anderen Augen.

Wir alle sehnen uns nach einem reichen, erfüllten Leben. Wir alle haben die gleiche wiederkehrende Sehnsucht, unsere Verteidigungsmechanismen aufzugeben, in der Lage zu sein, unsere Gaben zu verschenken und Schönes zu empfangen. Wenn wir ein Musikstück komponieren oder einem Lehmklumpen Form geben, winden wir uns aus der Zwangsjacke heraus und begrüßen die grenzenlosen, permanenten Möglichkeiten des Lebens mit einem glückseligen *Ja, ja, ja*!

Alexander Papaderos, Gründer eines Klosters und Friedenszentrums auf Kreta, hat immer die Scherbe eines gebrochenen Spiegels in seiner Brieftasche. Als kleiner Junge hatte er den Spiegel neben einem Motorrad gefunden, das jemand zu Schrott gefahren und in der Nähe seines Dorfes liegen gelassen hatte. Er versuchte stundenlang, den Spiegel wieder zusammenzusetzen. Doch leider fehlten ein paar Stücke, also blieb ihm keine Wahl außer aufzugeben, doch nicht bevor er das größte Stück herausgebrochen hatte und es so lange an einem Stein wetzte, bis es glatt und rund war. Papaderos verbrachte einen großen Teil seiner Kindheit damit, mit dieser Scherbe zu spielen. Er entdeckte, dass er mit der Scherbe das Sonnenlicht in dunkle Ritzen und Spalten scheinen lassen konnte.

Genau darum geht es in diesem Buch. Ihre Scherbe des Spiegels ist nur ein Fragment. Niemand weiß genau, wie groß und unermesslich »das Ganze« wirklich ist. Doch wenn Sie Ihre kleine Scherbe nehmen und sie richtig halten, können Sie ein Licht in die dunklen Ecken der Welt senden.

Sie haben die Wahl. Sie können Ihren Spiegel benutzen, um Licht erstrahlen zu lassen. Oder Sie können ihn in Ihrem Portemonnaie aufbewahren. Fest steht, der Spiegel wird nie vollkommen sein ohne Sie.

Los geht's!

ANALYSIEREN SIE IHRE ZEIT

»Hast du den Mut, nach den Träumen zu greifen, die dich auserwählt haben?«

– Prince Ea, Dichter und Rapper

Da dies das Jahr ist, in dem Ihr Leben explodiert (auf die bestmögliche Weise), lassen Sie uns mit ein bisschen kreativer Ermittlung beginnen. In der nächsten Woche notieren Sie einfach die Zeit, die Sie für Facebook, Twitter und andere soziale Medien aufwenden. Das ist alles. Schreiben Sie einfach die Zahl der Minuten (Stunden?) auf, die Sie mit Likes, Kommentaren und dem Scrollen durch Status-Updates verbringen.

Einer Untersuchung von 2015 zufolge (und ich bin mir sicher, dass es inzwischen mehr geworden ist) verbringt der durchschnittliche Facebook-Benutzer jeden Tag 40 Minuten mit Scrollen und Checken seiner neuen Posts. Sie sollten eventuell auch den Zeitaufwand notieren, den Sie mit dem Glotzen in eine Kiste verbringen. Damit meine ich Ihren Fernseher.

Nächste Woche, sobald Sie erkannt haben, wie viel Zeit Sie mit diesen beiden Aktivitäten zubringen, werden Sie die Hälfte dieser Zeit (sagen wir 20 Minuten) mit dem kommunizieren, was Künstler im Laufe der Jahrhunderte »die Musen« genannt haben. Ich garantiere Ihnen, die Dinge, die Sie entdecken werden, sind so viel interessanter, unterhaltsamer und lebensverändernder als alles, was Sie jemals auf Facebook finden werden.

Neben dem Analysieren Ihrer Zeit schreiben Sie jeden Tag drei Ideen auf. Egal, worum es dabei geht. Sie müssen nicht gut sein. Vielleicht sind sie sogar richtig schlecht. Und das ist total okay. Diese Übung ist einfach ein Training für Ihre Vorstellungskraft.

Zusammen mit meiner To-do-Liste und täglichen Träumereien notiere ich stets drei neue Ideen. Jeden Tag, ohne Ausnahme. Manchmal sind sie echt lächerlich. Wie eine Handtasche, die auf einer Seite schwarz und auf der anderen braun ist, damit sie zu Ihren Schuhen passt, je nachdem welche Seite nach außen zeigt. Manchmal habe ich gar nicht unbedingt den Wunsch, diese Ideen jemals umzusetzen, wie zum Beispiel meine Idee einer landesweiten Kleiderbörse für Menschen mit der gleichen Kleidergröße, damit man sich eine breit gefächerte Garderobe zusammenstellen kann, ohne zu den 10,5 Millionen Tonnen Kleidung beizutragen, die jedes Jahr auf Mülldeponien landen. Zu anderen Zeiten sind meine Ideen sinnvoll, und ich führe sie tatsächlich aus. Zum Beispiel jeden Tag etwas herzuschenken. Hin und wieder sind sie absolut genial. Zum Beispiel eine neue Buch- oder Drehbuch-Idee, wovon Sie eine gerade in der Hand halten.

Hauptsache ist, nicht zu urteilen. Es geht darum, Ihre geschrumpfte Vorstellungskraft zu trainieren. Genau wir Ihr Körper eine physische Therapie braucht, damit Sie wieder gehen können, nachdem Sie zwei Wochen lang flach auf dem Rücken gelegen haben, braucht Ihr Ideenmuskel, wegen mangelnder Benutzung eingetrocknet, eine Imaginations-Therapie. Vertrauen Sie mir. Es wird jeden Aspekt Ihres Lebens verändern. Sie werden klarer im Kopf, schneller, produktiver. Sie werden glücklicher sein, neugieriger. Wenn Sie eine gute Idee brauchen (sagen wir, Sie verlieren einen wichtigen Klienten oder planen eine Geburtstagsparty), wird es ein Kinderspiel sein, eine aufzurufen. Wenn Ihr Ideenmuskel eine gut trainierte Kampfmaschine ist, können Sie dank ihm zahllose neue Pfade erforschen und stoßen auf jede Menge neuer Portale innerhalb Ihrer mentalen Architektur.

Zumba für die Seele

- ✶ Gehen Sie in einen Secondhandladen und kaufen Sie die verrücktesten Klamotten, die Sie finden.
- ✶ Lernen Sie drei wenig bekannte Fakten über Martin Luther King Jr.
- ✶ Backen Sie Kekse in der Form von Körperteilen.

Sie sind in guter Gesellschaft

Trotz all seiner Erfolge leidet Steven Spielberg noch immer unter Unsicherheit. Er sagt, es sei so, als hätte man große Ohren – das ändert sich nicht, nur weil man einen Oscar gewinnt.

WOCHE 2

Kenne deinen Feind

»In den ersten paar Jahren kreiert man Sachen, die einfach nicht so gut sind. Man versucht, sie gut zu machen, sie haben das Potenzial, gut zu sein, aber sie sind es nicht. Viele Menschen kommen nie über diese Phase hinaus. Sie hören einfach auf. Die meisten Leute, die interessante, kreative Sachen erschaffen, haben Jahre ihres Lebens damit zu kämpfen gehabt.«

– Ira Glass, Produzent von *THIS AMERICAN LIFE*

So groß Ihr Bedürfnis auch ist, den Pinsel in die Hand zu nehmen und damit anzufangen, herrliche Kunstwerke zu produzieren, muss ich Ihnen leider sagen, dass das mit ziemlicher Sicherheit nicht funktionieren wird. Jedenfalls nicht gleich.
Sobald Sie sich zu diesem Kurs in täglicher Spiritualität verpflichten, werden jede Menge beschämender und wenig angenehmer Dinge passieren. Kein Grund zur Beunruhigung. Es ist einfach nur so, dass Sie jetzt im Moment eingerostet sind. Sozusagen nicht in Form.
Sie haben keine Idee, was Sie malen oder zeichnen oder schreiben sollen. Gut möglich, dass Sie kein Wort von Ihren vermaledeiten Musen hören. Sie haben nur diese leise Ahnung, dass Sie etwas kreieren wollen, dieses kaum wahrnehmbare Gefühl, Sie hätten etwas mitzuteilen.

Ich versichere Ihnen, dass dem tatsächlich so ist. Sie haben etwas Wichtiges zu sagen, etwas, das die Welt hören muss. Manchmal reicht diese Überzeugung aus, um weiterzumachen. Doch in der Regel nicht.

Die brutale Wahrheit ist, dass es einen Haufen Gegner gibt. In den nächsten sieben Tagen werden wir diesen Feinden direkt in ihre angsteinflößenden Augen sehen. Wir werden genau erforschen, mit wem wir es zu tun haben. Sogar Maya Angelou, eine erfolgreiche Autorin, die Dutzende von Büchern geschrieben hat, behauptet, dass sie jedes Mal, wenn sie mit einem neuen Buch anfängt, die gleiche Angst durchleidet, die gleichen Zweifel. *Krieg' ich es noch mal hin?* Es ist jedes Mal ein beängstigendes Vorhaben.

Und jetzt stellen Sie sich mich als Fußballtrainer vor – mit einer Liste der Gegner, die Ihnen im Spiel der Woche gegenüberstehen. Keine Frage, die Gegner sind stark. Und knallhart. Doch vergessen Sie nicht, der kreative Geist ist immer stärker.

Feind Nr. 1: Aufschieben. Sobald Sie sich verpflichten, an Ihrer Kunst zu arbeiten, werden Sie eine leise Stimme hören. Oder zumindest denken Sie, dass Sie sie hören. Sobald Sie aber richtig anfangen wollen, wird diese Stimme übertönt: *Was habe ich mir bloß dabei gedacht? Ich möchte ein Künstler sein, sicher, aber nicht heute. Lieber erst ab morgen.* Und dann machen Sie mit dem Leben so weiter wie bisher, genau mit dem Leben, dem Sie entfliehen wollten.

Wenn Sie zum ersten Mal den Ruf des Künstlers vernehmen, werden die verschiedensten Ausreden hochkommen. Sie würden alles Mögliche lieber tun, als an Ihrer Kunst zu arbeiten. Das Sammeln abgeschnittener Zehennägel wird wie die faszinierendste Art der Unterhaltung erscheinen. Sie würden eher den Küchenboden schrubben oder die Flusen von Ihrem alten Wollpullover zupfen, anstatt sich an den Computer zu setzen – so wie Sie es sich selbst versprochen hatten.

Das ist Ihr Trott – das Leben, das nicht funktioniert, das Leben, das Sie ändern wollen.

Feind Nr. 2: Widerstand. Veränderung ist nicht angenehm. Vor allem etwas so Riskantes. Jeder Künstler lebt gefährlich. Er duckt sich nicht länger. Versteckt sich nicht länger. Ist bereit zu sagen: »Hey, schaut mich an!«

Jede Zelle in Ihrem Körper wird sich widersetzen. Sie haben eine plötzliche Kehrtwende hingelegt, und die Muskeln Ihrer Seele, die Verdrahtungen in Ihrer Neurochemie werden ihre jeweiligen Waffen in Stellung bringen. Worauf Sie sich verlassen können.

Seien Sie gewappnet für den Konflikt, die Unterbrechungen, die Ausreden, die Selbstzweifel.

Anne Lamott sagt, dass sie – wenn sie sich zum Schreiben hinsetzt – umgehend darüber nachdenkt, ob sie nicht vielleicht lieber zum Kieferorthopäden gehen sollte. Einmal fiel ihr nichts anderes ein, als ihren Bruder anzurufen, um zu erfahren, ob ihm der neue Leberfleck auf ihrem Nacken aufgefallen war.

Seine weise Antwort lautete: »Annie, geh' zurück an die Arbeit.«

Denn das ist das Einzige, was Sie am Ball bleiben lässt. Es gibt keine andere Möglichkeit. Sie können Kunst nicht erzwingen. Sie müssen zur Stelle sein, und Sie müssen jeden Tag dran arbeiten.

Würden Sie einen Mitarbeiter einstellen, der manchmal zur Arbeit erscheint, und manchmal nicht? Die Musen haben der Welt jede Menge Storys und Songs und Bilder zu geben, doch können sie nur mit jemandem arbeiten, der zur Stelle und bereit ist.

Feind Nr. 3: Selbstzweifel: Sie werden alles hassen, was Sie hervorbringen. Sie schauen sich das Ganze an und denken: »Das ist der reinste Schwachsinn. Ich sollte lieber aufhören damit.«

Im Laufe Ihrer kreativen Bemühungen werden Sie immer wieder mal Mist produzieren, der Ihnen peinlich ist und Sie denken lässt: *Ich habe kein Talent.*
Die gute Nachricht: Es wird besser werden. Es wird leichter werden.
Es braucht Übung. Es dauert lange, bis Sie sich nicht mehr verkrüppelt, ängstlich und unsicher fühlen, warum Sie sich überhaupt jemals mit diesem verrückten »Kreativitäts-Kram« beschäftigen wollten.
Also sagen Sie einfach *Halleluja, sei's drum!* Je mehr Mist Sie schreiben oder zeichnen oder malen, desto schneller werden Sie an die guten Sachen rankommen. Es ist nicht immer schön. Es ist nicht immer lustig. Doch ist ein Engel in diesem Brocken Marmor verborgen. Und Sie entscheiden, ob Sie immer weiter hobeln, meißeln und hämmern wollen.

Los geht's!

VERFASSEN SIE EINE ANRUFUNG DER MUSEN.

»Mach' dir keine Sorgen wegen Fehler. Es gibt keine.«

– Miles Davis, Musiker

Ich habe meine Anrufung der Musen formuliert, nachdem ich Stephen Pressfields ausgezeichnetes Buch *The War of Art* gelesen habe. Mittlerweile bin ich bekannt dafür, Exemplare davon zu verschenken und es selbst mindestens einmal jährlich erneut zu lesen. Pressfield sagt, dass sein wichtigstes Ritual ein tägliches Gebet an die Musen ist, in vollem Ernst und mit lauter Stimme gesprochen. Den Anfang von Homers Odyssee benutzend, appelliert er an »... göttliche Poesie, himmlische Tochter des Zeus.«

Hier ist meine Anrufung:

Oh herrliche Musen, ich öffne mich jetzt, um euer Kanal zu sein. Ich lege alle vorgefassten Meinungen über mich selbst, über die Welt und darüber, was ich schreiben soll, beiseite. Ich ergebe mich eurer Weisheit. Danke, dass ihr mir diese Gelegenheit gebt, eure Geschenke zu empfangen und weiterzugeben. Ich lasse sie frei, damit sie hinausgehen und dem Universum Segen bringen. Amen.

Zumba für die Seele

- ✶ Erfinden Sie ein neues Suppenrezept.
- ✶ Lassen Sie sich einen Namen für eine Rockband einfallen.
- ✶ Lackieren Sie Ihre Fingernägel in zehn verschiedenen Farben.

Sie sind in guter Gesellschaft

Oprah Winfrey wurde als Nachwuchsreporterin für Baltimores WJZ-TV gefeuert. Man sagte ihr, sie sei zu emotional und nicht TV-geeignet.

WOCHE 3

Tun Sie das Richtige

»Doch da hockt sie, nichtsdestotrotz, in Ruhe ihre Wunden leckend.«

– H. L. MENCKEN, Journalist, Satiriker und Kulturkritiker

Wenn Sie erst einmal ein Gefühl für dieses Buch bekommen, werden Sie wahrscheinlich zu dem Schluss kommen, dass der wichtige Teil seine inspirierenden Botschaften sind. Sie werden sie mit religiösem Eifer lesen, sich inspiriert fühlen, bereit, die Welt im Sturm zu erobern. Sie werden das sichere Gefühl haben, dazu ausersehen zu sein, ein großartiger Künstler zu sein und Kunstwerke zu produzieren, die andere vor Ergriffenheit in die Knie zwingen.

Hey, sogar die wöchentlichen Projekte hören sich vergnüglich an, aber ich erledige sie später … wenn ich einen Moment Zeit habe. Vielleicht morgen.

Lassen Sie mich Ihnen was erklären. Die wöchentlichen Essays sind *nicht* der wichtige Teil dieses Buches.

In dem Film *Der Club der toten Dichter* fordert Mr. Keating, der Englischlehrer, gespielt von Robin Williams, seine Schüler auf, ein Kapitel über die Analyse von Poesie aufzuschlagen. Als einer der Jungen vorzulesen beginnt, springt Keating wie wild geworden von seinem Stuhl.

»Reißt diese Einführung raus!«, brüllt er die erschrockenen Schüler an. »Völliger Quatsch. Vergesst es!«
Genauso fühle ich mich in Bezug auf diese Botschaften. Ich finde sie gut. Tatsächlich waren sie ein Jahr lang meine wöchentlichen Projekte. Aber Ihnen wird der Sinn dieses Buches entgehen, wenn Sie die Projekte übergehen. Es wäre das Gleiche, als würden Sie zu einem Pferderennen gehen und die Pferde ignorieren.
Dennoch werden viele von Ihnen die kreativen Projekte nicht in Angriff nehmen. Oh ja, Sie haben es vor. Sie notieren es sich immer wieder auf Ihrer »To do«-Liste. Aber dann wird es spät. Und Sie sind müde. Und Ihr absoluter Lieblings-Comedian ist Gast in einer Talkshow ... nun ja, morgen ist auch noch ein Tag.
Wenn ich alle Dinge getan hätte, die ich eigentlich unbedingt hätte tun wollen, könnte ich heute mit einem Pulitzer-Preis und einem Oscar aufwarten, plus einer Notiz von Gott, die keinen Zweifel daran lässt, dass ich der am besten funktionierende (im Gegensatz zu dysfunktionale) Mensch auf diesem Planeten und somit weltberühmt bin.
Was ich damit sagen möchte, ist, dass ich weiß, wie Sie ticken. Aus eigener Erfahrung. Also lassen Sie es mich noch einmal wiederholen: Die kreativen Projekte sind das, was dieses Buch so besonders macht. Sie sind das Geschenk, die Hauptspeise, der wahre Grund, warum Sie dieses Buch ausgewählt haben.
Eines der Bücher in meinem Regal, die mich am meisten beeinflusst haben, ist *Der Weg des Künstlers* von Julia Cameron. Inzwischen habe ich an zwei »Der Weg des Künstlers«-Seminaren teilgenommen – ein Rat der Autorin, dem ich *tatsächlich* gefolgt bin. Sie empfiehlt, dass wir Künstler uns zusammentun und einander unterstützen. Gute Idee.
Das erste Mal war es ein 12-wöchiger Kurs, einer für jedes Kapitel. Ich liebte es! Ich hätte mir eher mit einer rostigen

Gabel ins Auge gestochen, als die Samstagmorgenstunden zu versäumen. Ich konnte die nächste Woche kaum erwarten, damit ich über meine Angst reden konnte, »kein Talent zum Schreiben zu haben«, oder wie ich von meinem Kunstlehrer in der Grundschule bloßgestellt worden war. Es war die reine Gruppentherapie, obwohl ich mich nicht erinnern kann, dass es meine Produktionsleistung gesteigert hat. Weder wuchs ich als Künstler, noch konnte ich besser schreiben.

Das zweite Mal jedoch war alles total anders. Zunächst einmal leitete ich die Gruppe. Ich stand also unter dem Druck, echt ein Künstler zu »sein«. Vor lauter Frustration am ersten Tag des Kurses (es waren so viele Teilnehmer da, dass ich den Überblick verlor) bat ich jeden, sich einen Zettel mit seinem/ihrem Namen ans Hemd zu heften.

Keine große Sache, oder wie?

Nun, bitten Sie mal einen Künstler, irgendetwas zu machen, und passen Sie auf, was passiert. Die Resultate waren verblüffend. Jeder Teilnehmer fertigte sich ein wunderschönes Namensschild an, das seine Einzigartigkeit zum Ausdruck brachte. In diesem zweiten Kurs verbrachten wir weniger Zeit damit, über unsere Kindheitsprobleme zu sprechen, sondern mehr damit, über die ungeheure Vielfalt der Mittel zu reden, die wir bei der Herstellung unseres Namensschildes benutzt hatten.

Von diesem Moment an haben wir jede Woche ein Projekt absolviert. Nach wie vor sprachen wir in der ersten ein- oder zweistündigen Sitzung über unsere Blockaden und Probleme, doch die letzte Stunde war dafür reserviert, einen Charakter darzustellen, ein Gedicht vorzulesen oder einander unsere Selbstportraits zu zeigen.

Es war kraftvoll und tief beeindruckend. Die Teilnehmer begannen sich zu verändern und tatsächlich an Ihrer Kunst zu arbeiten. Besonders befreiend war es, in anderen Medien zu arbeiten. Als Autorin fühle ich mich verpflichtet, an schriftstellerischen Projekten dranzubleiben, die mich »gut aussehen« lassen. Aber sobald ich zu malen beginne, gebe ich einen Scheiß drauf, was irgendjemand darüber denkt.

Nachdem wir uns erst einmal verpflichtet hatten, für unsere Kunst da zu sein, kannten unsere Musen kein Halten mehr. Sie müssen die Sache unter sich besprochen haben und zu dem Schluss gekommen sein: »Sieht so aus, als könnten wir auf diese Leute zählen.«

Fantastische Dinge brachen hervor: Einmal, um drei Uhr morgens, zog mich ein Kinderbuch – etwas, das ich nie zu schreiben angestrebt hatte – am Ärmel. Daniel zum Beispiel begann, strahlende, abgefahrene Portraits zu malen, was zu Dutzenden neuer Aufträge führte. Bonnie fing an, Gedichte zu schreiben, die ihr durch eine schlimme Scheidung halfen. Beth begann nach einer jahrelangen Pause wieder zu zeichnen.

Jetzt sehen Sie, warum es so wichtig ist, kreative Projekte zu machen.

Es ist gut und schön, vom Malen zu träumen oder davon, ein Theaterstück zu schreiben, doch solange Sie sich nicht hinsetzen und daran arbeiten, wird sich nie etwas verändern.

Los geht's!

FERTIGEN SIE EIN KÜNSTLER-AMULETT AN.

»Sag' aus tiefstem Herzen JA zu deinen Abenteuern.«

– JOSEPH CAMPBELL, amerikanischer Mythologe, der den Spruch »Tue, was du liebst« geprägt hat

Wahrscheinlich werden Sie Ihre Künstlerkollegen an dem Leuchten in ihren Augen erkennen. Sie sehen irgendwie munterer aus, heiterer, verspielter. Sie passen nicht ganz in die Form, in die die Gesellschaft uns zu quetschen versucht.
Doch damit es auch der Rest der Welt weiß, machen Sie sich ein Amulett – einen besonderen Anstecker, oder ein Abzeichen, ein Band – was Sie als *Entfessle deine Kreativität*-Mitglied identifiziert. Bekunden Sie der Welt, dass Sie ein Künstler sind.

Zumba für die Seele

- Erfinden Sie einen neuen Cocktail.
- Malen Sie ein Paar alte Sneakers an.
- Gehen Sie zum Frühstücken in ein Café, wo Sie noch nie waren.

Sie sind in guter Gesellschaft

Jeder Cartoon, den Charles Schultz, Schöpfer der weltweit beliebten *Peanuts*-Comics, für sein Highschool-Jahrbuch eingereicht hatte, wurde einstimmig abgelehnt.

WOCHE 4

Sie wissen bereits wie

»Wenn ein Mann sich seines Weges sicher sein will, muss er die Augen zumachen und im Dunkeln gehen.«

– Johannes vom Kreuz, Mystiker und Heiliger

Das Erste, was die meisten von uns tun, wenn wir uns einer neuen Kunstform zuwenden, ist: einen Kurs besuchen, ein Buch kaufen, den Rat eines »Experten« einholen. Es hat durchaus seine Berechtigung, sich Hilfe von außen zu holen, jedoch sollte es nicht die erste Instanz sein, an die Sie sich wenden.

Während wir nach äußerer Führung suchen, verschwenden wir wertvolle Zeit. Anstatt voll loszulegen, solange die Idee noch frisch ist und ihre Stimme verlangt, das wir hinhören, schieben wir sie auf die lange Bank, bestehen darauf, dass sie Geduld hat und wartet, bis wir gelernt haben, Sätze richtig zu interpunktieren oder Farben zu mischen. Wir fordern von dieser brennenden, leidenschaftlichen Idee, die nichts anderes möchte, als zu tanzen und freudig loszubrüllen, still vor der Tür zu sitzen und zu warten.

Doch sie kann nicht warten.

Betrachten Sie die Idee, die an Ihre Tür klopft, wie ein kleines Kind, das nicht verstehen kann, dass Erwachsene andere Dinge zu tun haben.

»Aber«, beharren Sie, »ich weiß wirklich nicht wie. Ich habe noch nie einen Artikel geschrieben, ganz zu schweigen von einem Buch. Und noch niemals eine Figur entwickelt, und schon gar nicht ein ganzes Theaterstück. Ich brauche Hilfe.«

Das mag sich wie ein vernünftiger Plan anhören. Doch ich versichere Ihnen, es ist die reine Verzögerungstaktik. Sicher, Ihr Grund zu Warten scheint vernünftig und ein Zeichen von Reife zu sein, doch haben Sie es mit einer Idee zu tun, die alles andere ist als vernünftig und ausgereift. Tatsächlich wird sie vernünftig und »reif« werden, wenn Sie warten. Aber wer will schon eine vernünftige und reife Skulptur sehen? Ein vernünftiges und reifes Theaterstück?

Der jugendliche Saft, der Antrieb ist erwachsen geworden. Und hat damit seinen Reiz verloren.

Sie können Ihre Fähigkeiten später verfeinern – nachdem Sie die Idee, die in Ihrem Kopf herumschwirrt, umgesetzt haben. Es ist Zeit sich hinzusetzen und anzufangen!

Warten auf das »wissen, wie …« kann eine Woche dauern, wenn Sie ein Buch lesen; ein Semester, wenn Sie ein Studium belegen; ein ganzes Leben, wenn es darum geht, eine Fähigkeit zu perfektionieren. Bis dahin ist die Idee starr und leblos geworden. Sie ist so verblichen wie eine zerschlissene Gardine am Küchenfenster.

Wenn das Feuer erloschen ist, haben wir eine plausible Ausrede, gar nicht erst mit dem Schreiben anzufangen; sollten wir dennoch weitermachen, werden wir von der Unbeweglichkeit der ursprünglichen Idee entmutigt und wundern uns, wo und wie wir den Anschluss verpasst haben. Vielleicht sollten wir noch einen Kurs belegen?

Es ist zwingend notwendig, den Musen auf der Stelle zu antworten. Ansonsten haben sie keine andere Wahl, als sich nach jemand anderem umzuschauen. Sie müssen jemanden finden, der die Zeit und das Selbstvertrauen hat, die Fackel weiterzutragen.

Sam Shephard, Verfasser von mehr als 40 Theaterstücken, war 21, als er seine ersten beiden Stücke schrieb, *Cowboys* und *Rock Garden*. Als junger Künstler in New York besaß er weder eine formelle Theaterausbildung, noch hatte er sich je mit dramatischer Literatur beschäftigt. Zu seinem Glück war er so naiv und unerfahren, dass er sich nicht fragte, ob er fähig war, ein Theaterstück zu schreiben.

Noch hatte ihm niemand gesagt, dass Leute nicht alle zwei Wochen ein neues Stück schreiben. Stattdessen hörte er auf die feurigen männlichen Charaktere, die durch seinen Kopf polterten. Hätte er gesagt: »Hey Leute, ich höre euch, aber ich bin momentan ziemlich beschäftigt mit diesem Kurs, den ich zu Ende machen muss. Morgen gehe ich in die Bücherei und schaue, ob ich ein Buch finden kann«, wäre die amerikanische Theaterszene um 40 kontroverse und brillante Theaterstücke ärmer.

Ersparen Sie sich den Gang in die Bücherei. Rufen Sie nicht in der Volkshochschule an, um zu erfahren, wann der nächste Malkurs beginnt. Springen Sie kopfüber ins kalte Wasser. Vertrauen Sie der Idee selbst. Sie hat die Fähigkeit, Ihnen alles beizubringen, was Sie wissen müssen. In ihrem feurigen Herzschlag liegen sowohl die Fragen *als auch* die Antworten. Wenn Sie sich der Idee hingeben, wird sie Sie heimführen.

Fangen Sie jetzt gleich an.

Los geht's!

VERWANDELN SIE EIN FLACHES STÜCK PAPIER IN EIN 3-D-OBJEKT.

»Die Gesellschaft gab mir eine drei Meter hohe Mauer plus eine zwei Meter lange Leiter und lehnte sich dann zurück, um zu sehen, ob ich meinen schwarzen Arsch über diese Mauer stemmen konnte. Unmöglich war es nicht, aber ich musste kreativ sein.«

– TRACY MORGAN, amerikanischer Komiker

Jetzt ist der Zeitpunkt gekommen, in dem Sie Ihre Lieblingsausrede notieren.
Diejenige, die als Rechtfertigung dafür dient, warum Sie noch nicht ins kalte Wasser gesprungen sind. Schließlich sind wir bereits bei Woche 4 angelangt.

Beliebte Ausreden:

1. Nicht genug Zeit
2. Nicht genug Geld
3. Nicht genug Unterstützung von Familie/Lebenspartner/Freunden

Was der Grund ist, warum ich Ihnen gleich die Geschichte von Tracy Morgan, dem Emmy-nominierten Schauspieler und *Saturday Night Live*-Superstar erzählen werde. Seine Geschichte wird jede verrückte Ausrede, die Sie soeben aufgeschrieben haben, blass erscheinen lassen.

Nicht nur ist Tracy in einer heruntergekommenen innerstädtischen Sozialbausiedlung aufgewachsen, sondern sein Vater war heroinabhängig, seine spielsüchtige Mutter zerrte ihn nachts mit in die Casinos, und er heiratete, als er 19 war. Oh, habe ich erwähnt, dass er Crack und Kokain verkaufte?

»Wenn man darüber nachdenkt, dürfte ich eigentlich gar nicht mehr hier sein. Wenn Sie die Art von Mensch sind, die Zahlen und Statistiken liebt, bin ich der total hoffnungslose Fall«, sagt er.

Tatsache ist, dass viele seiner Freunde es nicht geschafft haben. Sie flippten aus, wurden von den Bullen hochgenommen oder fanden sich am falschen Ende der .357 eines hitzköpfigen Drogendealers. Mit 16 brauchte er beide Hände, um die Opfer unter seinen Kumpels aufzuzählen.

Witzig zu sein, sagt er, war keine Berufswahl. Es war eine Möglichkeit zu überleben.

Nachdem sein Vater an AIDS gestorben war, gab er die Schule auf und begann, Geld zu machen – Marihuana dealen, Burger braten bei Wendy's – alles, was er finden konnte, um seine Frau und seine mittlerweile drei Kinder zu versorgen.

Und die ganze Zeit verließ er sich voll auf sein »großes Maul und lustiges Gesicht«. Mit anderen Worten, auf seine Gabe, das, was er besser tun konnte als so ziemlich jeder andere.
Nachdem sich vor seinem Lieblings-Chicken-Laden Menschenmengen ansammelten, um zu hören, wie er »Witze über jeden S***ss« riss, hatte er eine Idee, die sein Leben von Grund auf veränderte.
»Ich fing an, mich zu fragen, wie viel schwieriger es schon sein könnte, wenn ich auf einer Bühne stünde?«
Als er Sabina, seiner damaligen Frau, von seiner ungewöhnlichen Berufswahl erzählte, erwartete er, dass sie genau wie seine Familie und Freunde reagieren würde – zu lachen, als wäre diese Idee der beste Witz von allen.
Stattdessen sagte sie: »Hört sich gut an, du solltest es versuchen.«
Dann schaute sie ihm tief in die Augen und fügte hinzu: »Aber wenn du es tatsächlich tust, Tray, musst du fokussiert sein. Du musst es voll durchziehen.«
»Dafür werde ich sie immer lieben«, sagt Morgan. »Sie hätte sich leicht eines Nachts zu mir drehen und sagen können, ›Hey Motherfucker, UPS stellt gerade Leute ein.‹ Das wäre das letzte Mal gewesen, dass die Welt von Tracy Morgan gehört hätte.«

Und jetzt … werden Sie Tracy sein, und ich Sabina.

Und jene Ausrede? Reißen Sie die Seite aus diesem Buch (oder eine Seite aus einer Zeitschrift, falls Sie das hier digital lesen) und machen Sie daraus ein Origami.

Zumba für die Seele

- ✶ Fangen Sie ein Glas voller Glühwürmchen (falls Winter ist, basteln Sie einen Chor aus Schneeengeln).
- ✶ Ziehen Sie nur was Gelbes, Violettes oder Blaues an.
- ✶ Prüfen Sie, an wie viele Weihnachtslieder Sie sich erinnern können.

Sie sind in guter Gesellschaft

Donald Sutherland hat mehr als 100 Filme gemacht, aber er wird immer noch so nervös, dass er sich jedes Mal vor Beginn der Dreharbeiten übergeben muss.

WOCHE 5
Mut zum Mittelmass

»Es ist nicht leicht, grün zu sein.«

– KERMIT DER FROSCH, ein Muppet

»Je mehr Versagen, desto mehr Erfolge. Basta.«

– TOM PETERS, Autor von
Auf der Suche nach Spitzenleistungen

Okay, und jetzt die guten Nachrichten. Sie haben die Erlaubnis, den größten Unsinn zu schreiben, den die Welt je gesehen hat. Und nicht nur können Sie einer flächendeckenden Amnestie sicher sein, Sie sind sogar *verpflichtet*, jede Menge Mist zu schreiben, Kleckse zu malen, wie ein steifer Zinnsoldat zu tanzen.

Wenn wir uns selbst erlauben, Anfänger zu sein, »mittelmäßig« zu sein, tauchen wir in ein komplett neues Territorium ein. Die Musen erwarten nichts Geringeres als das.

Anfänger zu sein, ein Künstler, der »nicht perfekt« ist, erfordert Mut. Mist zu bauen verlangt Schneid. Nur wer bereit ist, sich die Nase zuzuhalten und splitterfasernackt ins kalte Wasser zu springen, hat das Privileg verdient, den Musen den Hof zu machen. Welche Muse, die ihren Verstand beisammen hat, würde sich mit einem krankhaft ordnungsbedürftigen Perfektionisten einlassen, der meint, gleich zu Beginn eine Georgia O'Keeffe oder ein William Shakespeare sein zu müssen? Solche Leute werden keine Risiken eingehen. Sie sind verkrampft und steif. Die Muse sucht sich Menschen, die von der Klippe springen, Menschen, die keine Angst haben, sich eine Blöße zu geben oder als Schwachkopf dazustehen.

Diejenigen, die es »perfekt« machen wollen, haben eine Agenda. Und die Wahrheit ist, dass wir nicht genug Informationen besitzen, um zu urteilen. Wir wissen nicht wirklich, was gut oder schlecht ist, ganz zu schweigen von »perfekt«.

Als ich mein viertes Buch schrieb – zuerst im Eigenverlag und dann bei Simon & Schuster erschienen – brauchte ich eine Zeichnung, um zu illustrieren, wie wichtig tiefes Atmen ist. Ich zeichnete die Skizze einer einfachen Frau, die eine erstaunliche Ähnlichkeit mit George Washington aufwies. Soweit ich beurteilen konnte, war es definitiv die schlechteste Zeichnung der Welt. Wäre mein Budget nicht quasi bei null gewesen, oder hätte ich nur lausige 25 Dollar mehr gehabt, hätte ich irgendeinen jungen Grafikdesign-Studenten angefleht, eine neue Zeichnung zu machen.

In der Lage, mich mit der Tatsache zu trösten, dass ich schließlich »Autorin« war und nicht »Kunstmalerin«, sagte ich, »was soll's« und ließ es dabei bewenden.

Die Zeichnung, die bis zum heutigen Tag infantil und alles andere als professionell ist, war Anlass für jede Menge Kommentare. Dutzende von Menschen kamen später auf mich zu und sagten mir, wie sehr sie ihnen gefallen hat. Ich kann mir diese positive Resonanz auf die Zeichnung nur so erklären, dass sie meine Verletzlichkeit gezeigt hat. Sie öffnete den Vorhang, und heraus kam ein Stück von mir, für alle sichtbar.

Doch Tatsache ist, ich war nicht in der Lage zu beurteilen, welche »Kunst« gut oder schlecht war. Oder vielmehr, ich war nicht in der Lage zu »beurteilen«, was schlechte Kunst (und sie *war* schlecht, keine Frage) bei einem anderen Menschen auslösen und wie tief sie ihn berühren könnte, und dass sie genauso ausgedrückt werden musste.

Sie müssen die Bereitschaft haben, verletzbar zu sein; jede Angst davor, was die Nachbarn sagen oder denken könnten, aufzugeben.

Selbst die berühmtesten Künstler verbocken und vermasseln manchmal ihre Werke. Wie Anne Lamott sagte: »Wir fühlen uns alle so, als würden wir Zähne ziehen, was nicht selten wehtut. Selbst bei den besten Autoren zeigen sich die richtigen Worte und Sätze nicht wie ein vorgestanzter Lochstreifen auf dem Papier.«

Der Trick, sagt sie, besteht darin, etwas ... *irgendetwas* .... aufs Papier zu bringen.

Sie nennt das, »beschissene Erstentwürfe« schreiben. Wenn Sie jede Menge völlig misslungene Erstentwürfe schreiben, »merken Sie, dass die guten Zweitentwürfe aus den miesen ersten entstehen und dass so ein chaotischer Haufen Mist einen Wert hat.«

Misthaufen sind, genau wie Komposthaufen, fruchtbar und randvoll mit Leben.

Vor einiger Zeit entspross meinem Komposthaufen eine nicht identifizierbare Kletterpflanze. Monatelang sah ich zu, wie sie sich durch den Garten wand, und wartete ungeduldig auf die erste Blüte, mich fragend, was ich da wohl ohne es zu wissen gepflanzt hatte. Schließlich erschien das fertige Resultat, grün und gelb gefleckt. Ich nahm an, dass es sich um eine Zucchini handelte.

Eines Morgens pflückte ich das fleckige Ding ab, um Zucchinibrot zu backen. Meine Nachbarin, die gerade draußen ihren Zweijährigen mit dem Gartenschlauch abspritzte, sagte: »Wow! Das ist aber ein komischer Kürbis.«

Nun ja, Zucchinibrot war nicht. Doch habe ich jetzt einen der besten Halloween-Kürbisse in der ganzen Nachbarschaft.

Fest steht, wir wissen es nicht. Wir müssen einfach nur zur Stelle sein, das ist alles.

Los geht's!

FINDEN SIE EINEN TITEL
(NUR DEN TITEL)
FÜR IHRE ZUKÜNFTIGE AUTOBIOGRAFIE.

»Wie meine Künstlerbiografie besagt, ist meine Arbeit komplett unverständlich und daher von profunder Bedeutung.«

– Calvin und Hobbes, gechannelt von Bill Watterson

Der amerikanische TV-Star Mindy Kaling nannte ihre Biografie *Is Everybody Hanging Out Without Me?* Cheryl Strayed gab ihrem aufwühlenden Buch über ihre Wanderung auf dem Pacific Crest Trail den Titel *Wild.* Katherine Hepburn war berühmt genug, um mit ihrer Autobiografie unter dem Titel *Ich* ungestraft davonzukommen. Wie wird der Titel Ihrer Memoiren lauten?

Zumba für die Seele

- Basteln Sie einen Hut aus Zeitungspapier.
- Schreiben Sie einen Text mit 500 Wörtern über jemanden, den Sie nicht ausstehen können.
- Planen Sie einen Urlaub auf Ihrer bevorzugten Karibikinsel. Mixen Sie Rum-Cocktails und besorgen Sie sich ein paar Strohhüte, um zu feiern. Lernen Sie einen karibischen Song auswendig und trällern Sie drauf los.

Sie sind in guter Gesellschaft

J. K. Rowling war geschieden, pleite und auf Sozialhilfe angewiesen, als Bloomsbury endlich einverstanden war, Harry Potter zu veröffentlichen. Nachdem bereits elf andere Verlage ihr Manuskript abgelehnt hatten, empfahl ihr Lektor, sie möge sich lieber einen »richtigen Job« suchen, da »Kinderbücher kein Geld bringen«.

WOCHE 6

Angst und Unsicherheit, weichet!

Ich muss was Brillantes erschaffen.

»Die Annahme, dass Kunst ein königlicher Umhang ist, der wie von Zauberhand über deine Schultern fällt, dir als rechtmäßigem Erben verliehen ist und nicht verdient werden muss, indem du dich allmorgendlich, die Spitzhacke in der Hand, auf den Weg in die Mine begibst, hat sich als das bei Weitem größte Hindernis für künstlerische Arbeit herausgestellt.«

– JANE LAZARRE, Autorin von *Der Mutterschaftswahn*

Dies ist eine Story über Disziplin. Und darüber, vor Angst zu schlottern.

Im Vorfeld der Veröffentlichung von E^2 schickte mein Verlag Hay House mir ein Buch mit dem Titel *Platform – – Get Noticed in a Noisy World*. Sie bestanden darauf, dass ich es lese. Social Media, eine Marketing-Goldgrube, die selbst den unbekanntesten Autoren große Vorteile bietet, kann – nach den Worten seines Verfassers Michael Hyatt – durch tägliches Bloggen fremdfinanziert werden.

Das hatte ich schon mal gehört. Der angesehene Autor und Marketingspezialist Seth Godin behauptet, dass Bloggen eine der wichtigsten Übungen in seinem Beruf ist. Er sagt, dass es seine Gedanken klärt, ihn zwingt, die Dinge bewusst wahrzunehmen, und ein Forum bietet, wo er mit seinen Fans in Kontakt treten kann.

Ich empfand meine freiwillige Verpflichtung, täglich einen Blogeintrag zu schreiben, gleichzeitig als total spannend und schreckenerregend.

Spannend, weil ich schon von dem Moment an, wo ich einen Stift in der Hand halten konnte, diszipliniert genug sein wollte, jeden Tag zu schreiben. Es ist der Dreh- und Angelpunkt, der einen Schreiberling zusammenhält – beständige, tägliche Bereitschaft, für die Musen da zu sein, und – nun ja – der einfache Akt, sich mit dem Hintern auf einen Stuhl zu setzen. Und bereit zu sein. Beim Schreiben der 18 Bücher, die meinen Namen tragen, habe ich diese Disziplin zahllose Male angewandt.

Doch wenn ich weder einen Auftrag habe, noch von mir erwartet wird, ein fertiges Manuskript abzuliefern, schreibe ich nicht jeden Tag. Obwohl ich weiß, dass die einzige Möglichkeit, sich selbst tatsächlich Autor schimpfen zu dürfen, darin besteht, zu schreiben. Und obwohl ich weiß, wie wichtig es ist, Tag für Tag für die Musen präsent zu sein.

Stimmt schon, ich war zuverlässig zur Stelle. Doch nur, wenn Lektoren mir Deadlines setzten, und nur, wenn mein Bankkonto gähnend leer war.

Aus diesem Grund war ich entsetzt. Jeden Tag zu bloggen fühlte sich an, als würde ich vor einer überfüllten Arena aufkreuzen und mich unüberhörbar bemerkbar machen. Zugegeben, die Liste meiner damaligen Abonnenten bestand aus meiner Mutter und ein paar Freunden, doch ich wusste, wenn ich es richtig anstellte, könnte ich eine Gefolgschaft aufbauen – ein angsteinflößendes Unterfangen.

Jäger nennen es Bockfieber – jene unerklärliche Lähmung, die einsetzt, wenn sie dem erhofften Großen von Angesicht zu Angesicht gegenüberstehen.

Warum sollte irgendjemand mir folgen wollen? Wer bin ich, Respekt zu gebieten? In Wahrheit leide ich unter massiver Unsicherheit, auch wenn ich das bin, was die Welt einen erfolgreichen Autor nennen könnte. Ich habe 18 Bücher geschrieben und verkauft. Ich war Gast in berühmten TV-Talkshows. Ich schreibe für die Art von Magazinen, die Sie im Wartezimmer von Zahnärzten finden. Aber ich bin nach wie vor verängstigt. Doch wann war Angst je ein akzeptabler Grund, Ihre Brillanz beiseitezuschieben? In Wahrheit bedeuten Angst und Schrecken nur, dass Sie auf die falsche Stimme hören.

Beide Stimmen werden immer präsent sein: Ihr innerer Salieri. Und die Stimme Ihrer wahren Berufung, Ihrer individuellen Großartigkeit.

Los geht's!

STARTEN SIE EINEN BLOG.

»Sei präsent, zur Stelle, da – und nach einer Weile sind auch die Musen da.«

Isabel Allende, Autorin

Einen Blog zu schreiben kostet nichts, ist äußerst amüsant und, wie Seth Godin sagt, eines der besten Dinge, die Sie je für sich selbst tun können. Er empfiehlt, jeden Tag einen Blogeintrag zu posten. Was sich wie ein perfektes Projekt für diese Woche anhört.
Bitte keine Panik, ein Blog muss nicht lang sein, ein oder zwei Paragrafen reichen.
Hier ein paar Richtlinien:

1. Schreiben Sie einfach so, wie Sie reden. Sie quälen sich nicht damit herum, wie Sie reden, stimmt's?
2. Achten Sie auf die Dinge um Sie herum. Eine Woche lang jeden Tag einen Blog zu schreiben wird Sie automatisch dazu bringen, der grenzenlosen Schönheit und dem Humor des Lebens Beachtung zu schenken.
3. Widerstehen Sie dem Drang, mit dem Bloggen Geld machen zu wollen. Bloggen Sie aus reiner Lust an der Sache – nicht um Geld zu verdienen.
4. Stellen Sie fest, was Sie motiviert, morgens aufzustehen. Was tun Sie leidenschaftlich gern?

Und so findet Seth Godin die Zeit, so produktiv und erfolgreich zu sein: Kein Fernsehschauen. Keine Treffen und Veranstaltungen.

Zumba für die Seele

- Basteln Sie sich Engelsflügel.
- Lesen Sie drei Gedichte von Rumi.
- Essen Sie Ihr Sandwich an einem ungewohnten Ort – vielleicht auf einem Ast?

Sie sind in guter Gesellschaft

Lady Gaga, deren Hits die Charts in beinahe jeder Kategorie angeführt haben, wurde von Def Jam Records nur drei Monate nach Vertragsabschluss wieder fallen gelassen.

WOCHE 7
Kleine Schritte

»Hör' nicht auf, an den Fingernägeln zu kauen.
Einen nach dem anderen.«

– Sonny Krasner, Komiker

Und jetzt zum ersten »Fingernagel« …

Wenn wir so weit sind, unser erstes Projekt in Angriff zu nehmen, haben die meisten von uns ein bestimmtes Ziel im Auge, zum Beispiel einen Grammy zu gewinnen oder die nächste Mona Lisa zu malen. Doch das ist wie der Versuch, über den Atlantik zu schwimmen.

Unweigerlich werden Sie in hohen Wellengang geraten und Eisbergen begegnen, Sie werden Muskelkater kriegen, und wahrscheinlich werden Sie schon vor den Bermudas aufgeben. Vielleicht wäre es besser, mit dem Swimmingpool im Garten zu beginnen.

Diese Woche werden wir über etwas sprechen, das Sie im Kindergarten gelernt haben. Erinnern Sie sich an »Mama, darf ich«? Erinnern Sie sich an Ihre ersten kleinen Schritte?

Dieses unbeholfene Schlurfen, einen Zentimeter nach dem anderen, brachte Sie genauso zuverlässig ans Ziel wie Häschen-Hüpf, Scherengang oder das, was Sie wollten: Riesenschritte.

Als Jan Steward ihr erstes Buch schrieb, fühlte sie sich völlig überfordert, bis ein Freund mit einer indischen Perlenstickerei vorbeikam. Sie war 3 Zentimeter breit und 10 Meter lang und zeigte eine komplizierte Liebesgeschichte, komplett mit Brautwerbung, Hochzeit und anschließender Flucht vor den Familien der Liebenden. Das Ganze war aus winzigen Perlen von der Größe eines Sesamsamens gemacht.

Jan schaute es sich kurz an und fragte: »Wie um alles in der Welt konnte jemand so was schaffen?«

Ihr Freund strich sich nachdenklich übers Kinn und antwortete: »Nun, ich denke, als Erstes nimmst du eine weiße Perle ...«

Das Einzige, was Sie heute tun müssen, ist, die erste weiße Perle in die Hand zu nehmen. Machen Sie einen kleinen Schritt nach dem anderen in Richtung Ihres Traumes. Es muss nichts Großartiges sein – vielleicht eine Beschreibung des heißen, pinken Negligés Ihrer Romanfigur oder eine schnelle Skizze einer einzigen Narzisse. Denken Sie nicht einmal darüber nach, was die Romanfigur ihrer Mutter sagen könnte, wenn sie unerwartet mit einer Tüte Lebensmittel aufkreuzt, oder über die schwangere Hummel, die um den Blütenstempel der Narzisse summt. In diesem Moment reicht es, über das Negligé zu schreiben. Beschreiben Sie es so hinreißend, wie Sie können. Alles Weitere spielt im Moment keine Rolle.

Nur ein Schritt. Nur eine Perle.

Wenn Sie anders an die Sache herangehen, werden Sie sich bald überfordert fühlen. Sie werden mit dem ersten Eisberg zusammenstoßen, die Hände über dem Kopf zusammenschlagen und sagen: »Ich geb's auf!« Auf Anhieb einen ganzen Roman zu schreiben oder eine Büste zu schnitzen, nimmt Ihnen jede Kraft.

Doch indem Sie eine Perle nach der anderen nehmen, Tag für Tag, können Sie problemlos über den Atlantik schwimmen. Fügen Sie Ihrem Werk täglich ein paar Perlen hinzu – so wie Sie die Tonleiter auf dem Klavier üben würden. Betrachten Sie es als eine Ehrenschuld.

Es ist diese tägliche »Perlenarbeit«, die Muskeln aufbaut. So wie der Gewichtheber, der seinen Trizeps und Bizeps stärkt, indem er jeden Tag Gewichte hebt, bauen Sie Ihre kreativen Talente – die Ausdauer, das Ehrgefühl, das Ihnen über den Atlantik hilft – durch tägliches Üben auf.

Es ist wichtig, diese winzigen Schritte als Werkzeuge zu sehen und sich selbst als einen Zimmermann oder Maurer. Der Versuch, »Künstler« zu sein, reicht aus, um jeden vor Angst erstarren zu lassen. Der Versuch, etwas zu erschaffen, das noch Jahrhunderte später bewundert wird, würde ausreichen, einen Stier davon abzuhalten, auf ein rotes Tuch zuzustürmen.

Als Barbara Walters einmal Sir Lawrence Olivier interviewte, fragte sie ihn, wie er der Welt am liebsten in Erinnerung bleiben wollte.

»Als Arbeiter«, erwiderte er.

Sie war überrascht. »Möchten Sie nicht, dass wir uns an Sie als einen formidablen Schauspieler oder Künstler erinnern?«

»Nein«, fuhr er fort. »Das spielt keine Rolle. Shakespeare war ein Arbeiter, Dichter sind Arbeiter. Gott ist ein Arbeiter, und genauso möchte auch ich in Erinnerung bleiben.«

Also ziehen Sie Ihren Blaumann an, schnüren Sie Ihre Arbeitsschuhe, und erklimmen Sie die Leiter. Eine Sprosse nach der anderen. So werden Sie bis hinauf zu den Sternen gelangen.

Los geht's!

SCHREIBEN SIE EINE GESCHICHTE BESTEHEND AUS SECHS WÖRTERN. NICHT MEHR. NICHT WENIGER.

»Etwas zu erschaffen ist eine bessere Möglichkeit des Selbstausdrucks, als etwas zu besitzen. Durch Erschaffen, nicht durch Besitzen, enthüllt sich uns das Leben.«

– VIDA D. SCUDDER, englischer Dichter

Auf die Bitte, eine komplette Geschichte in sechs Worten zu schreiben, erwiderte Ernest Hemingway: »Zu verkaufen: Babyschühchen, noch nie getragen.«
Diese Woche werden wir uns also um einfache und profunde Bündigkeit bemühen. Ganz ohne Druck.
Hier sind ein paar Beispiele aus dem Buch *Not Quite What I Was Planning*, eine Sammlung autobiografischer Erinnerungen, von denen jede aus sechs Wörtern besteht:

Autor Dave Eggers: *Fünf Jahre seit meinem letzten Friseurbesuch.*
Sängerin Aimee Mann: *War überfordert, also schrieb ich Songs.*
Comedian Stephen Colbert: *Nun, ich dachte, es war lustig.*

Zumba für die Seele

✶ Legen Sie sich zwei Stunden lang zum Nichtstun in eine Hängematte.
✶ Filmen Sie sich selbst, wie Sie eine Szene aus *Ist das Leben nicht schön?* nachspielen.
✶ Finden Sie den bestmöglichen Aussichtspunkt, um den Sonnenuntergang zu betrachten.

Sie sind in guter Gesellschaft

Isabel Allende musste erst drei Romane veröffentlichen, bevor sie den Mut fand, beim Ausfüllen eines Formblattes an die Stelle, wo »Beruf« steht, *Autorin* zu schreiben, anstatt *Hausfrau.* Sie sagt: »Autorin war so ein großes Wort, dass ich mich völlig eingeschüchtert fühlte.«

WOCHE 8

Die Musen herbeilocken

»Erwache jetzt mit Schauern zur Erfüllung deines Traumes …«

– Bob Savino, Dichter und Weiser aus Kansas City

Der Trick, um die Musen herbeizulocken, ist einfach.

Er besteht aus zwei Worten. Oder weniger:

Da sein. Aufkreuzen. Erscheinen.

Wenn Sie ein Theaterstück schreiben, malen oder einen Film machen wollen, müssen Sie einen Zeitpunkt festlegen und da sein.

Die Musen überlassen es Ihnen zu bestimmen, wann es losgehen soll, wichtig ist nur, dass Sie den Zeitpunkt einhalten. Sie müssen die Musen überzeugen, dass Sie es ernst meinen. Nur davon zu träumen, ein Buch zu schreiben, wird das Buch nicht schreiben. Nur Bücher über Malerei zu lesen, wird das Bild nicht malen.

Die Musen sind begierig, die Ware zu liefern, aber Sie müssen beweisen, dass es Ihnen ernst ist. Sie müssen da sein. Aufkreuzen. Zur Stelle sein.

Bei näherer Betrachtung werden Sie merken, dass dies eine tolle Sache ist. Es nimmt den Druck, irgendein außergewöhnliches Talent besitzen zu müssen, von Ihren Schultern. Ist es nicht genau das, wovor wir Angst haben? Dass wir nicht so literarisch begabt sind wie Toni Morrison, nicht so begnadet talentiert wie Meryl Streep?

Wenn ich etwas von Pat Conroy lese – ganz egal was – fühle ich mich wie ein Zwerg. Ich möchte mich verstecken und jeden Hinweis auf »Autorin« aus meinem Lebenslauf entfernen. Kürzlich las ich Mary Karrs Memoiren, *Lit*. Das Buch ist so wunderbar geschrieben, dass ich versucht war, die Flinte ins Korn zu werfen. Verglichen mit ihr bin ich ein Anfänger, ein ungehobelter Niemand.

Doch darum geht es nicht. Dass diese Autoren mit einer solch grandiosen Eloquenz schreiben, liegt zum Teil daran, dass sie die nötige Zeit darin investieren. Sie haben immer und immer wieder geübt.

Sie sind durch dick und dünn gegangen. Sie haben jeden Tag geschrieben, wenn sie genauso gut andere Dinge hätten tun können. Sie haben geschrieben, wenn es unbequem war; wenn sie das Gefühl hatten, nicht gut genug zu sein; wenn sie überzeugt waren, nicht mehr Talent zu haben als eine Essiggurke. Sie überzeugten ihre Musen, dass sie zuverlässige, loyale Verehrer waren.

In der Musik ist die Verbindung zwischen Genie und der Zeit, die mit Üben verbracht wird, offensichtlich. Nehmen wir an, die Musen, begierig darauf, ein hinreißendes Stück neue Musik zu liefern, haben zwei Kandidaten: Der Typ, der vor drei Monaten eine Gitarre gekauft hat, sie aber bis heute nicht in die Hand genommen hat, und der Besessene, der seit zehn Jahren regelmäßig übt. Die Musen haben praktisch keine Wahl, sondern müssen sich für die Loyalität entscheiden. Sie müssen ihr Meisterwerk dem geben, der die technische Fähigkeit hat, es zu spielen.

Madeleine L'Engle schrieb einmal über ein kleines Dorf in Bayern. Als der Uhrmacher des Dorfes starb und weder Kin-

der noch Lehrlinge hinterließ, gaben alle Uhren des Dorfes im Laufe der Zeit ihren Geist auf.
Jahre später kam ein berühmter Uhrmacher ins Dorf, und alle liefen zu ihm, damit er ihre kaputten Uhren reparieren möge. Der weise alte Uhrmacher, der nur begrenzt Zeit hatte, schaute sich die zerbrochenen Uhren an und gab schließlich bekannt, dass er nur diejenigen reparieren würde, die stets aufgezogen worden waren. Sie waren die einzigen, sagte er, die sich daran erinnern würden, die Zeit anzugeben.
Vielleicht sind wir nicht in der Lage, dafür zu sorgen, dass unsere Uhren perfekt funktionieren, doch zumindest können wir jeden Tag aufstehen und unsere Uhren aufziehen, damit sie es nicht vergessen.

Los geht's!

ERFINDEN SIE EIN KREATIVES RITUAL.

»Die Wege, die wir uns noch nicht vorstellen können, sind die, auf die wir uns freuen sollten.«

– Kelly Brogan, Ärztin

So wie viele andere wissenschaftliche Fortschritte wurde die Pawlow'sche Konditionierung zufällig entdeckt.

Dem russischen Physiologen Ivan Pawlow fiel auf, dass seine Hunde jedes Mal, wenn er den Raum betrat, speichelten, selbst wenn er ohne ihre Fressnäpfe kam.

Entwickeln Sie ein Ritual, das Sie durchführen, bevor Sie mit der Arbeit an Ihren Projekten beginnen. Vielleicht indem Sie eine bestimmte Musik auflegen. Oder eine Kerze anzünden. Was immer es sein mag.

Das Ganze ist ein simpler Taschenspielertrick, der Ihre Vorstellungskraft zum Speicheln bringt.

Der amerikanische Schriftsteller John Cheever zog stets seinen besten Dreiteiler an, verließ die Wohnung und ging in den Keller, wo er seinen Anzug auf einen Kleiderbügel hing, sich in Unterwäsche an den Tisch setzte und schrieb. Friedrich Schiller konnte nicht schreiben, ohne dass seine nackten Füße in kaltes Wasser getaucht waren. Jack Kerouac schrieb bei Kerzenlicht. David Lynch geht jeden Tag um 14:30 Uhr ins selbe Bob's Big Boy Restaurant und trinkt einen riesigen Schokomilchshake, um neue Ideen fließen zu lassen.

Zumba für die Seele

- Machen Sie einen Sockenaffen oder irgendein anderes Stofftier.
- Kaufen Sie ein Mitbringsel für weniger als fünf Euro und packen Sie es auf kreative Weise ein. Dann verschenken Sie es.
- Machen Sie eine Zeichnung von Ihrem ersten Klassenzimmer.

Sie sind in guter Gesellschaft

Der Schauspieler Ryan Reynolds, von der Zeitschrift *People* einst zum »Sexiest Man Alive« gekürt, meinte dazu: »Die meiste Zeit fühle ich mich wie ein übergewichtiger, pickliger Teenager.«

WOCHE 9

Zeit finden

»Was sind die besten und schlimmsten Dinge in deinem Leben, und wann wirst du deinen Mut zusammennehmen, sie zu flüstern oder laut herauszuschreien?«

– Ray Bradbury, Science-Fiction- und Fantasy-Autor

Wenn es sein muss, sagen Sie es noch ein allerletztes Mal, doch nach dieser Woche werden Sie nie wieder die berühmteste Ausrede der Welt benutzen:

»Ich. Habe. Keine. Zeit.«

Ich leugne nicht, dass die meisten von uns überfordert, überlastet, übermäßig beansprucht sind.

Doch muss ich die Frage stellen: »Warum?«

Müssen Sie wirklich jede Woche zur Maniküre? Müssen Sie echt jeden Abend mit Ihrer Schwester quatschen? Sind die *Seinfeld*-Wiederholungen tatsächlich so wichtig für Ihr Wohlbefinden?

Jawohl, diese Woche werden Sie lernen, wie Sie Zeit gewinnen können, um Ihren Roman zu schreiben, Gitarre zu üben, den schon lange ersehnten Schauspiel-Kurs zu nehmen.

Erwarten Sie nicht irgendwelche wenig originellen Vorschläge wie zum Beispiel: »Stehen Sie 30 Minuten früher auf« oder »Reservieren Sie die letzten 15 Minuten Ihrer Mittagspause, um die

Handlung Ihres Romans weiterzuspinnen«. Sie können derlei routinemäßigen Strategien allein herausfinden, ohne Hilfe von außen. Vielleicht haben Sie es schon mit der »30-Minuten-früher-Aufsteh-Strategie« versucht, nachdem Sie sich an Silvester entschlossen hatten, jeden Morgen in den Yoga-Kurs zu gehen.

Strategie Nr. 1: Nein, mein Rat ist, 30 Minuten länger im Bett *zu bleiben*. Gönnen Sie sich diese Zeit zum Träumen. Lassen Sie zu, dass Magie Sie durchströmt. Wenn Mysterium und Leidenschaft Ihre Seele überfluten, ist Zeit zu finden so leicht, wie sich bei Twitter anzumelden.
Gandhi sagte oft, dass er an besonders arbeitsreichen Tagen gar keine andere Wahl hatte, als eine Meditation in seine »To-do-Liste« einzufügen. Ansonsten würde er nie in der Lage sein, alles zu erledigen.

Strategie Nr. 2: Behandeln Sie den Roman, das Drehbuch oder was immer es ist, woran Sie arbeiten wollen, wie eine »Nebensache«. Der wahre Grund, warum die meisten von uns keine Zeit finden können, ist unsere nervige Tendenz zum Perfektionismus. Wenn der Roman sich nicht wie ein neuer James Joyce lesen muss, würden wir wahrscheinlich zwischen den diversen Terminen einen Satz oder zwei hineinmogeln können, derweil die Kinder im Keller Tischtennis spielen.
Anstatt also auf den richtigen Zeitpunkt zu warten, stibitzen Sie ihn klammheimlich wie ein ungezogener Achtjähriger, der ein Plätzchen in seine Hosentasche stopft, sobald seine Mutter nicht hinschaut. Stehlen Sie die Zeit, während Sie auf die U-Bahn warten, Ihre Kaffeepause machen oder während Ihr Mann sich seine Nasenhaare ausrupft.
Der alte Spruch »Ich werde es tun, wenn ich Zeit habe …« ist ein Ammenmärchen, so wie das Christkind und die Zahnfee. Wachen Sie auf. Zeit ist Mangelware.

Der Anwalt Scott Turow war in der Lage, alle 431 Seiten seines Bestsellers *Aus Mangel an Beweisen* morgens und abends im Pendlerzug nach Chicago zu schreiben. Stephenie Meyer, deren *Twilight*-Reihe sich mehr als 100 Millionen Mal verkauft hat, entwickelte ihre Romane während der Schwimmkurse ihrer Kinder.

Strategie Nr. 3: Schluss mit der Selbstsabotage! Ich habe festgestellt, dass ich jede Menge freie Zeit habe, wenn ich meinen Selbsthass aufgebe (eine Sportart, in der ich mehrere Goldmedaillen gewonnen habe). Es fordert Unmengen an Energie, mir kontinuierlich einzureden, was für ein verabscheuungswürdiges Miststück ich bin. Jeder von uns kriegt eine bestimmte Menge Energie mit auf seinen Lebensweg. Wenn wir 35 oder mehr der uns zugestandenen 100 Energieeinheiten mit unnötigen Schuldgefühlen, Scham und der Erkenntnis vergeuden, dass die vier Seiten von gestern in Tausende winzige Schnipsel zerrissen werden müssen, haben wir nur noch 65 wertvolle Einheiten übrig.

Und wenn wir schon mal beim Thema sind, lassen Sie uns gleich zu *Strategie Nr. 4* gehen, nämlich jedes noch so kleine Ding aufzugeben, das Ihr Leben nicht bereichert. Seien Sie ehrlich, geben Sie es zu. Sie verbringen eine Menge Zeit damit, Dinge zu tun, die Sie lieber nicht tun würden, Dinge, die Sie nur tun, weil Sie sie schon immer getan haben. Oder weil jemand Ihnen sagt, dass sie so getan werden müssen.
Wie Toni Morrison einmal gesagt hat: »Wir sind traditionell stolz darauf, unsere kreative Arbeit zwischen Hausarbeiten und sonstigen Verpflichtungen zu erledigen. Ich bezweifle, dass wir dafür tatsächlich eine Eins verdienen.«
Stellen Sie sich selbst die Frage: »Bereitet mir die Art und Weise, wie ich mit meiner Zeit umgehe, Vergnügen?«, »Berei-

chert es mein Leben?«, »Wenn nicht, warum um alles in der Welt tu' ich es immer noch?«

Vielleicht kann meine Tochter ihre Fußballuniform nicht finden, und das Katzenklo muss sauber gemacht werden, außerdem gibt es im Supermarkt um die Ecke heute ein Sonderangebot für Katzenfutter … ach, und nicht zu vergessen, ich muss meine Freundin Ivy in Tucson anrufen, plus eine Glückwunschkarte für Bobs 64. Geburtstag finden; zudem ist in Afghanistan Krieg, die globale Erwärmung steht vor der Tür, und ich muss aufhören, so viele Sahnetörtchen zu essen, außerdem mehr Wasser trinken, und mich daran erinnern, Sonnenschutz aufzutragen. Und habe ich erwähnt, dass die ausgeliehene *Star Trek*-DVD überfällig ist?

Aber ich werde mein Drehbuch holen und trotzdem einen Satz schreiben.

Los geht's!

LASSEN SIE SICH DREI IDEEN
FÜR SMARTPHONE-APPS EINFALLEN.

»Etwas zu wagen bedeutet, vorübergehend den Halt zu verlieren. Nichts zu wagen bedeutet, sich selbst zu verlieren.«

– SØREN KIERKEGAARD, Philosoph

Es hilft, sich zu erinnern, dass Sie nur einen Gedanken weit entfernt sind von der nächsten millionenschweren Idee.

Joel Comm stolperte mit seiner iFart darüber, einer App, die man am besten als digitales Furzkissen beschreiben kann. Als ich das letzte Mal nachsah, hatte diese verrückte App mit ihren 26 Variationen von Flatulenz (u. a. »heimliche Attacke« und »Furz-für-Freunde«) eine coole halbe Million abgesahnt. Allein während der ersten zwei Wochen verkaufte sie sich 113.885-mal.

Außerdem fiel mir eine App namens Hello-Cow auf (anklicken, und sie muht), plus eine Voodoo-App zum Hochladen von Fotos Ihrer Feinde, komplett mit digitalen Nadeln, um einen Fluch punktgerecht zu platzieren.

Bei weltweit mehr als einer Milliarde Smartphones auf dem Markt, ist dies die Woche, in der Sie Ihre Ideenmaschine ankurbeln und arbeiten lassen, um Ideen für smarte Phone-Apps zu finden.

Zumba für die Seele

- ✶ Laden Sie Ihre Freunde zum Sonnenuntergang ein. Halten Sie Karten (nummeriert von 1 bis 10) in die Höhe, um die »Show« zu bewerten.
- ✶ Feiern Sie den Geburtstag Ihres Lieblingsschriftstellers.
- ✶ Gehen Sie kostümiert ins Kino (à la *The Rocky Horror Picture Show*).

Sie sind in guter Gesellschaft

Die Bestseller-Autorin Mary Karr gibt den laufenden Kommentar in ihrem Kopf, während sie schreibt, mit den Worten wieder: »Verflucht. Verdammt. Du Flittchen – wer hat dir bloß gesagt, dass du schreiben kannst?!?«

WOCHE 10

T.E.T. – Tu es trotzdem

»Abenteuer beginnen erst dann, wenn du in den Wald gehst. Dieser erste Schritt ist ein reiner Vertrauensakt.«

– Mickey Hart, Drummer von Grateful Dead

Ich kann es jetzt genauso gut rauslassen. Manchmal leide ich unter Depressionen. Ich gebe es nicht gerne zu. Ich fürchte, es lässt mich schwach erscheinen. Minderwertig. Mindestens eine oder zwei Stufen unter Katy Perry.

Wenn das große »D« mich mit seinen hässlichen Krallen packt, ziehe ich die Boxhandschuhe an und führe Krieg. Leider immer gegen mich selbst.

»Nun, Pam«, so geht es in der Regel los, »wenn du wirklich diese strahlende, ausgeglichene Person wärst, die du zu sein vorgibst, könntest du diesem Ding doch wohl die Luft rausboxen, oder wie? Was ist los mit deiner Willenskraft? Hast du überhaupt welche?«

Von da an geht's bergab. »Wer würde dich je wollen? Du bist eine Schande, für nichts und niemanden gut.«

Und dann werde ich richtig bösartig.

Ein Freund (vielleicht sollte ich lieber sagen ein früherer Freund) sagte mir mal, dass Menschen ausersehen sind, von einem »glorreichen Moment zum nächsten« zu leben. Mein Leben bewegt sich eher von einem glorreichen Moment zurück in die Dunkelheit und wieder weiter zum nächsten glorreichen Moment, was nicht allzu schlecht ist, außer wenn gerade die dunklen Momente angesagt sind.

Eine Therapeutin, von der ich mir ein paar Einsichten erhoffte, wischte mein Problem mit dem Kommentar vom Tisch: »Aah, Sie sind Autorin, ein kreatives Individuum (als sei das ein Übel, ähnlich einem dritten Arm oder einer blinkenden Antenne, die aus meinem Kopf ragt). Kreative Menschen haben einfach diese Probleme. Da können Sie gar nichts tun, damit müssen Sie leben.«

Und dafür habe ich 120 Dollar bezahlt?

Zum Glück fand ich heraus, dass es sehr wohl etwas gibt, das ich tun kann. Und ich habe es nur total zufällig herausgefunden. Es war 22 Uhr am Abend vor einem Kreativitäts-Kurs, den ich leitete. Ich fühlte mich depressiv. Die Hausaufgabe für die Teilnehmer – eine Skulptur zustande zu bringen – war so verlockend wie ein Blind Date mit Ted Bundy. Ich wollte nur noch eins: Ab ins Bett und mir die Decke über den Kopf ziehen.

Aber ich war die Lehrerin. Wie konnte ich mit gutem Recht erwarten, dass die anderen Teilnehmer eine Skulptur mitbrachten, wenn ich keine hatte? Zugegeben, ich lag eine Zeitlang mit mir im Clinch. Ich fing sogar an, mir Entschuldigungen auszudenken, warum ich das Projekt nicht durchführen konnte, à la »Mein Computer hat überraschend einen Gehirntumor entwickelt. Autofahren ging auch nicht, weil der Garagentüröffner kaputt war.« etc.

Jedoch gab es da auch noch diese andere, klitzekleine Stimme, die versuchte, gehört zu werden. Sie flüsterte irgendwas über T.E.T.

»Was?«, fragte ich argwöhnisch. »T.E.T.? Was zum Teufel ist das? Kenn' ich nicht.«

»Tu es trotzdem!«, insistierte die Stimme.

Obwohl ich normalerweise nicht auf diese klitzekleine Stimme höre, wenn ich mich wie Sylvia Plath fühle, machte ich diesmal eine Ausnahme. Ich beschloss, es auf einen Versuch ankommen zu lassen und das Projekt für den Kreativitäts-Kurs trotz allem in Angriff zu nehmen.

Irgendwie widerstrebend entschied ich mich für das vergnügte Foto eines Mädchens, das vor Freude in die Luft springt. Sie trug eine Art Dirndl, ihre Knie waren gebeugt, ihre Arme weit ausgebreitet, und sie hatte den Kopf ekstatisch in den Nacken geworfen. Mit anderen Worten, mit ihrem glücklichen Ausdruck war sie genau das Gegenteil davon, wie ich mich fühlte. Ich machte mehrere Kopien in verschiedenen Größen – 50 Prozent, 100 Prozent, 200 Prozent. Ich schnitt die Bilder aus, klebte ein Stück Pappe und einen Eis-Stiel dran und montierte sie – in einer Reihe vom kleinsten bis zum größten – auf ein Stück Pappröhre. Als ich diese Prozession von glücklichen, hüpfenden Mädels ins Licht hielt, zauberte das größte sogar einen noch größeren Schatten an die Wand dahinter.

Als ich ungefähr um Mitternacht alles für den Kurs am nächsten Tag zusammenpackte, merkte ich plötzlich, dass meine Depression weg war. Nein, falsch, das ist ein Understatement. Ich fühlte mich echt total happy, voller Energie, so ähnlich wie das Mädchen auf dem Bild.

Was für eine Entdeckung! Ausnahmsweise hatte ich mal nicht auf die Stimme gehört, die mir sagte, ich sei viel zu müde und depressiv, um eine blöde Figur zu basteln, die Stimme, die darauf beharrte, dass der einzige vernünftige Angriffsplan darin bestand, ins Bett zu gehen und mir die Decke über den Kopf zu ziehen.

Wenn man es bedenkt, ist eine Stimme, die Ihnen sagt, dass Sie wertlos und eine komplette Null sind, nicht eine Stimme, auf die Sie wirklich hören wollen.

Die andere Stimme, die – Gott sei's gedankt – nie ausgelöscht werden kann, ist wahrscheinlich die, die nur mein Bestes will. Und sie sagte mir, ich solle es trotzdem tun.

Viele Jahre lang habe ich diese ungewöhnliche Skulptur in meinem Schlafzimmer aufbewahrt, nicht nur weil ich die reine Wonne mochte, die dieses Mädchen für mich repräsentierte, sondern weil sie mich daran erinnerte, dass ich mich aus dem festen Griff der Trägheit befreien kann, dieser über mir schwebenden Wolke der Depression. Ich hatte die Wahl.

Nicht die Willenskraft, wohlgemerkt, sondern die Wahl.

Es ist total einfach. Auf welche Stimme werden Sie hören? Die Stimme, die sagt: »Du? Ein Künstler? Du hattest damals eine 6 in Kunst. Du hast so viel Talent wie eine Stechmücke.«

Oder die Stimme, die sagt: »Tu es trotzdem.«

Es wurde zu meinem Motto. Und ich brauchte nichts anderes als eine Schere und eine Pappröhre.

Los geht's!

MACHEN SIE EINE SKULPTUR.

»Du machst keine kleinen Schritte wegen der Entfernung, die du damit zurücklegst, sondern um in Reichweite der Magie des Lebens zu gelangen.«

– MIKE DOOLEY, Mr. Universe persönlich

Jedes Material eignet sich. Ich habe mal aus einer Haferflockenpackung eine Skulptur von George Washington gebastelt. Gut, ich war damals in der 5. Klasse, aber nichtsdestotrotz war es eine Skulptur. Vielleicht sind Sie bereit für Pappmaché, Bronze oder eine Ein-Euro-Tüte bunter Ballons und heiße Luft. Sie entscheiden.

Ballonskulpturen mögen sich albern anhören, aber da kann man sich täuschen. Vor Kurzem habe ich ein Ehepaar kennengelernt, das mit der Herstellung von Ballonfiguren in Bars, bei Festivals und anderen besonderen Anlässen ein gutes Auskommen hat. Sie haben Ballonaufblasen zu einer wahren Kunst entwickelt. Ich habe gesehen, wie sie Ballons in alles Mögliche verwandelt haben, von Ariel der kleinen Meerjungfrau bis zu Elvis Presley, komplett mit schwarzer Haartolle und Jumpsuit aus goldenem Lamé.

Zumba für die Seele

- Rufen Sie den kreativsten Menschen an, den Sie kennen, und finden heraus, was er/sie gerade tut. Es wird Sie inspirieren.
- Lernen Sie zwei homöopathische Heilmittel kennen.
- Bereiten Sie sechs verschiedene Arten von Apfelmus zu.

Sie sind in guter Gesellschaft

Der mit dem Nobelpreis ausgezeichnete kolumbianische Schriftsteller Gabriel Garcia Márquez, weithin als einer der bedeutendsten Autoren des 20. Jahrhunderts verehrt, sagte: »Mein ganzes Leben lang habe ich immer den Moment gefürchtet, wo ich mich hinsetze, um zu schreiben.«

WOCHE 11

An die Arbeit, Freunde!

»Die beste Möglichkeit zu klagen, besteht darin, Sachen zu machen.«

– James Murphy, Liedermacher und Sänger

Diese Woche werden wir unsere Terminologie ändern. Vergessen Sie es, Kunst erschaffen zu wollen. Stattdessen werden wir »Sachen machen«.

Und hier ist, warum: Der Begriff Kunst hat Ballast. Er ist häufig prätentiös und einschüchternd. Er sorgt dafür, dass Sie sich stets zusammenreißen und auf Ihre Manieren achten.

Nehmen wir den Großteil der Kunstmuseen. Nicht nur sind es riesige Bauten mit hohen Säulen und endlosen Lobbys, sondern sie sind auch voller streng blickender Wächter, die wie Polizisten aussehen und Sie mahnend taxieren. Die Kunstwerke sind dicht verschlossen hinter Glas. Unmöglich, nahe genug heranzukommen, um sie wirklich gut zu sehen, ganz zu schweigen davon, sie mit unseren schmuddeligen kleinen Pfoten zu berühren.

Kunsttempel scheinen eine Art »Wir gegen die anderen«-Mentalität aufzubauen. Wir sind die Armen, die bezahlen, um die Kunst anzugucken. Die Genies, die sie erschaffen haben, waren

alte Herren aus Europa, denen es gefiel, sich ein Ohr oder andere Körperteile abzuschneiden.
Und wenn es irgendetwas gibt, was mit Sicherheit schlummernde Probleme samt einem Gefühl der Unsicherheit hochkommen lässt, sind es diese regelmäßig stattfindenden Kunst-Vernissagen. Sie müssen unbedingt was »Cooles« anziehen, vorzugsweise in Schwarz, auf keinen Fall lächeln, und – wenn irgend möglich – eine gewagte Frisur zur Schau stellen. Falls Sie etwas sagen wollen (meine Taktik ist, den Mund nicht aufzumachen und die Leute glauben zu lassen, dass ich in tiefes Nachdenken versunken bin), sollte es besser was Brillantes sein. Ich für meinen Teil fühle mich immer wie ein Betrüger.
Aus diesem Grund gefällt mir die Idee, »Sachen zu machen«. Sie versetzt jeglicher Heuchelei einen Tritt in den Hintern. Keiner von uns in seinem verletzlichen Zustand als angehender »Sachen-Macher« muss sich darum scheren, anerkannt zu werden. Denken Sie nicht darüber nach, ob ein versnobter Kunstkritiker – der Kunst wahrscheinlich nur deswegen kritisiert, weil er zu viel Angst hat, selbst welche zu machen – es gut findet oder nicht. Wir machen einfach Sachen, Krempel, Zeugs. Jede Woche machen wir etwas anderes – ein Gedicht, einen Song, eine Figur.
Vergessen Sie nicht, es sind einfach nur »Sachen«.
Meine Lieblingskunst wird seit jeher von Künstlern gemacht, die von der etablierten Kunstwelt mit dem leicht abfälligen Begriff »Kunsthandwerker« bezeichnet werden. Indem sie jedes Material benutzen, das gerade verfügbar ist – Baumstümpfe, alte Kühlschranktüren, zerbrochene Flaschen – fingen eines Tages diese armen, häufig auf dem Lande lebenden Leute mit dem Schnitzen, Bauen oder Malen an. Mit anderen Worten, sie fingen an, Sachen zu machen. Nicht nur haben nur die wenigsten von ihnen je von Monet oder van Gogh gehört, die meisten hatten kaum irgendeine Art von Ausbildung vorzuweisen.

Howard Finster, ein pensionierter Baptistenprediger, der mit Mitte sechzig zum ersten Mal einen Pinsel in die Hand nahm, hatte nur sechs Klassen Grundschule absolviert. Eines Tages sagte Gott zu ihm: »Howard, ich möchte, dass du mit dem Malen anfängst.« Schnell erinnerte er Gott daran, dass er vom Malen keine Ahnung hatte, und genauso schnell erwiderte Gott: »Woher weißt du das?« Das war Anno Domini 1973, und bevor Howard im Jahre 2011 starb, hatte er mehr als 46 000 Bilder gemalt. Natürlich malte er auch mit Begeisterung Dinge wie Ziehharmonikas, Rasenmäher, Sauerstoffpumpen und Telefone.

»Kunst?« möchten Sie wissen. Fragen Sie einfach Barbra Streisand, Woody Allen und andere Howard-Fans, die mehr als 20 000 Dollar für seine Kunstwerke bezahlt haben.

Unprätentiös? Keine Frage. Er produzierte alles von seinem Schlafzimmer in Summerville, Georgia, aus.

In alten Zeiten machte jeder alles selbst. Wenn man ein neues Kleid haben wollte, hat man es selbst genäht. Wenn der Esstisch wackelig wurde, wurde ein Baum gefällt, in den Schuppen geschleift, der als Werkstatt diente, und auf der Drehbank zurechtgeschnitten. Supermärkte gab es nicht, und selbst wenn es welche gegeben hätte, gab es keine Autos, um dahin zu fahren. Man hat sein eigenes Obst und Gemüse angebaut, seine eigenen Wandbehänge gewebt, sein eigenes Haus gebaut. Wenn die Leute heute sagen, dass sie ein neues Haus bauen, meinen sie damit, dass die Pläne von einem Architekten sind, den sie im Internet gefunden haben, und dass sie Handwerker bezahlen, um die »Drecksarbeit« zu erledigen.

Genau das ist es, was wir tun wollen: »die Drecksarbeit«. Diese »niedere Arbeit« ist es, die uns nährt, uns bereichert, uns mit unserer wahren Natur verbindet. Wenn wir all unsere Sachen von anderen Leuten anfertigen oder erledigen lassen, verlieren wir einen Teil dessen, was wir in Wahrheit sind. Wir entfernen uns von unserer Quelle. Indem wir selbst Dinge herstellen, zapfen wir einen fruchtbaren, produktiven Urquell an, der uns buchstäblich zu Meistern macht.

Sogar diejenigen unter uns, die ihr eigenes Essen kochen und ihre eigenen Wandbehänge weben, haben ihre Freitag- und Samstagabendunterhaltung den Experten überlassen. Wir gehen ins Kino oder schauen, was Netflix zu bieten hat. Wir denken nicht im Traum daran, unsere eigenen Drehbücher zu schreiben, unsere eigenen Songs zu singen. Vor hundert Jahren gab es am Samstag weder Reality-TV noch den Sonntagabend-Krimi. Und wenn die Familie am Ende eines langen Tages feiern wollte, dann haben sie sich hingesetzt und Geschichten erzählt, oder auf der familieneigenen Gitarre geklimpert und eigene Lieder gesungen.

Kunst? Nöö, sie haben einfach irgendwelche schönen Sachen gemacht.

Los geht's!

VERWANDELN SIE ETWAS AUS DEM SECONDHANDLADEN.

»Wenn du etwas kreieren oder größer, besser und wirklich anders sein willst, brauchst du nur die Zeit, um zu fragen ›Was ist wenn?‹, und nicht eine 15-minütige Telefonkonferenz.«

– Tim Ferriss, Autor von *Die 4-Stunden-Woche*

Nehmen Sie Farben. Oder eine Säge. Oder eine Nähmaschine. Früher habe ich manchmal alte Holzstühle gekauft (Durchschnittspreis 5 Dollar) und sie in buntem California-Style angemalt. Ein anderes Mal erstand ich einen Ballen von 30 Meter schwerem, weißem Stoff, überredete meine Mom, mir daraus Kleider zu schneidern, die ich dann mit Stofffarbe anmalte. Ich liebe es, tolle Slogans auf meine Kleider zu malen – Dinge wie »Kreieren oder sterben« oder »Jede Minute ohne Liebe ist vergeudete Zeit«.

Zumba für die Seele

- Berufen Sie eine Vorstandssitzung mit Benjamin Franklin, Thomas Edison und anderen Verstorbenen ein, die Sie bewundern.
- Lassen Sie sich 20 neue Verwendungsmöglichkeiten für einen Bleistift einfallen.
- Färben Sie Ihr Haar in einer für Sie völlig neuen Farbe.

Sie sind in guter Gesellschaft

James Brooks bekam fünf Oscars für seinen Film *Zeit der Zärtlichkeit*. Man sollte denken, dass er die Situation genossen hat. Doch wie er sagt, war jeder Tag die reinste Qual für ihn: »Es war, als würde man in einen laufenden Propeller geraten. Ich war mir die ganze Zeit bewusst, wie schlecht der Film hätte sein können.«

WOCHE 12

Künstler, heile dich selbst

»Hier, wo die Gefahr für den eigenen Willen am größten ist, erscheint Kunst als ein rettender Zauberer, ein Experte im Heilen.«

– Friedrich Nietzsche, deutscher Philosoph

Therapeuten verbringen Jahre damit, Probleme an die Oberfläche zu holen, die sofort auftauchen, wenn Sie anfangen zu malen oder zu schreiben. Sie sind allesamt da – das Gefühl der Wertlosigkeit, die Angst, nicht gut genug zu sein, der Zwang, eine oder zwei Tüten Chips mit Barbecue-Geschmack zu essen.

Kaum beginnen Sie ein primitives Stillleben mit Mangos zu malen, schon kommt jede Blockade hoch, die Sie bisher an einem aufregenden, erfüllten Leben gehindert hat, und will sich Luft machen.

Es ist wie bei einem Klassentreffen, wo alte Freunde und Lehrer aufkreuzen, um Sie zu überraschen und zu blamieren.

»Hey, erinnerst du dich an mich?«, rufen im Hintergrund die Stimmen von Scham und Schuldgefühl.

Und wie viel haben Sie noch mal einem Seelenklempner gezahlt, um festzustellen, dass Ihr Hauptproblem darin besteht zu denken, Sie seien nicht gut genug? Das Problem beim Namen zu nennen, zuzugeben, dass Sie essen oder davonlaufen, wenn Sie Angst haben, ist stets der erste Schritt zur Heilung.

Achten Sie darauf, dass ich »erster Schritt« gesagt habe. Es ist immer wichtig, ein Problem zu benennen, zum Beispiel: Ich bin ein Alkoholiker. Ich leide unter Depression. Ich wurde von meinem Stiefvater missbraucht.

Aber machen Sie keinen Campingurlaub daraus.

Oder wir lesen Bücher darüber, wie stark wir sind, üben uns in positiven Affirmationen, kleben kleine Zettel zum Muntermachen auf unseren Badezimmerspiegel, stehen aber immer noch jeden Morgen auf und wiederholen Dinge wie:

»Ich bin das erwachsene Kind alkoholkranker Eltern, das Produkt einer dysfunktionalen Familie. Ich muss mich vor meinem niederen Selbst hüten, dem Saboteur in meinem Inneren, das Ego, das mich von meinem Gott trennen will.«

Und die Litanei endet in etwa so: »Aber ich bin stark.«

Welche andere Wahl hat Ihr Unterbewusstsein als »Bullshit!« zu rufen?

Vergessen Sie nicht, die grenzenlose Macht Gottes fließt durch Ihre Seele, die unendliche Kraft des Universums pulsiert in Ihrem Herzen. Und Sie wollen ein »Überlebender« sein?

Sie sind nicht das, was Sie besitzen. Sie sind nicht Ihre Geschichte. Sie haben die Macht zu heilen, die Macht, radikale Veränderungen vorzunehmen.

Wenn Sie ein Gedicht schreiben oder den australischen Schäferhund-Welpen Ihres Nachbarn zeichnen, werden Sie merken, dass Sie mehr sind als die Depression oder das Rheuma.

Der Akt des Erschaffens zapft den heilenden Gottes-Strom an, der durch jeden von uns fließt. Es ist die Ebene, die wir nicht mit unserem Erbsengehirn oder unserem Ego erreichen können. Und schon gar nicht, indem Sie sich im Spiegel betrachten und affirmieren: »Ich bin ein Überlebender.«

Der kreative Prozess lässt die Details des täglichen Lebens, von Geldverdienen bis Wäschewaschen, dahinschwinden. Er bietet Zugang zu dem tiefen, unterirdischen Impuls, der um die Magie weiß und uns zur Einheit aufruft. Der kreative Prozess heilt alle Defekte, Fehler, Irrtümer etc.
Statt jedem von den Problemen mit Ihrem Lover zu erzählen – dass er sich nicht festlegen will, oder wie er jeden Abend bei den Nachrichten einschläft –, sollten Sie vielleicht lieber ein Gedicht darüber schreiben. Das könnte Sie den Ärger mit Ihrem Lover vergessen lassen.
Der Performancekünstler Chris Wink drückt es so aus: »Folge deinen Musen, anstatt zu versuchen, die sozialen Wunden aus deiner Jugendzeit zu heilen. Wir haben eine ganze Generation von Menschen verloren, die den direkten Kontakt mit ihrer Umwelt verhindern wollen, indem sie sich zurückziehen oder in Therapie begeben. Geh' stattdessen lieber zu einem Karaoke-Abend in einer schummrigen Kneipe und zeig', was du kannst. Anstatt introspektiv zu sein und ständig an deinen Defiziten zu arbeiten, werde wütend, rege dich auf, sei begeistert, beteilige dich.«
Es gibt viel mehr Schätze in Ihrem Inneren zu entdecken, als Sie sich je vorstellen können. Sie fürchten, zu oberflächlich und unwichtig zu sein, nur weil Sie nicht nach innen schauen. Der kreative Prozess gibt Ihnen eine Stimme.

Los geht's!

FERTIGEN SIE EIN VISIONBOARD DARÜBER AN, WAS SIE ERSCHAFFEN WOLLEN.

»Seit Längerem weiß ich, dass das Betrachten von Objekten, während ich Bilder davon in meinem Kopf sehe, die Realität auf sonderbare Weise reagieren lässt.«

– MARTHA BECK, Autorin von *Expecting Adam*

Martha Beck, die ich vor einiger Zeit bei einer Autorenkonferenz in Kansas City kennengerlernt habe (wir hatten beide neue Bücher herausgebracht), schrieb für *O Magazine* einen Artikel über Visionboards. Sie sagte: »Manche Resultate waren so erfolgreich, dass mir die Haare im Nacken monatelang zu Berge standen.«

Jeder, der *The Secret* gelesen hat (so ziemlich alle Menschen auf der Welt) weiß, was ein Visionboard ist, bei dem Sie Bilder von Dingen ausschneiden, die Sie gerne zum Dinner in Ihr Leben einladen möchten.

Diese Woche jedoch würde ich lieber über eine noch wichtigere Übung sprechen. Anstatt ein Visionboard von Dingen zu machen, die Sie gerne hätten, wie wäre es, wenn Sie eins mit Dingen machen, die Sie gerne verschenken würden? Mit Dingen, die Sie gerne erschaffen würden?

Nehmen Sie dazu Fotos, Ausschnitte aus Zeitschriften und alles Mögliche, was Sie im Zusammenhang mit Ihren kreativen Projekten begeistert.

Fügen Sie ein Bild von sich selbst hinzu, plus Affirmationen, Zitate und inspirierende Gedanken.

Zumba für die Seele

- Schreiben Sie fünf Botschaften auf, die Sie in einem Glückskeks finden möchten.
- Laden Sie drei Paare zu einem gemeinsamen Krimi-Dinner ein, dessen Handlung Sie sich selbst ausgedacht haben.
- Lassen Sie sich fünf neue Fragen für »Trivial Pursuit« einfallen.

Sie sind in guter Gesellschaft

Zu Beginn der 1990er-Jahre war George Clooney im Gespräch für die Hauptrolle in dem Krimi *Body of Evidence*. Der CBS-Manager bot ihm jedoch stattdessen die Rolle als Sidekick Ryan Walker an, da Clooney nach seiner Überzeugung »einfach nicht das Zeug zum Hauptdarsteller« hatte.

WOCHE 13

Invasion der Körperfresser

»Ich brauchte 15 Jahre, um festzustellen, dass ich kein Talent zum Schreiben hatte, konnte es jedoch nicht aufgeben, weil ich inzwischen zu berühmt war.«

– Robert Benchley, amerikanischer Humorist

Vor der Renaissance und dem Zeitalter der Vernunft war es allgemein bekannt, dass große Kunst von außen kam und nicht vom Künstler selbst. Die Griechen der Antike hatten sogar einen Namen für diese körperlosen Wesenheiten, die sich des Künstlers bemächtigten. Sie nannten diese äußeren Mächte »Daimonen«, wie etwa: »Dieser Theophylaktos hat in letzter Zeit verdammt viele Gedichte geschrieben. Er muss von einem Daimon besessen sein, der Glückspilz.«

Die alten Römer nannten diese magische Kraft, die einen Künstler erfüllte, »Genius«, doch hatte es eine andere Bedeutung als der heutige Begriff »Genie«. Für Cäsar zum Beispiel war ein Genius ein begleitender Geist, ein unsichtbarer Gefährte, der Botschaften von den Göttern übermittelte. Künstler selbst wurden nicht als Genien oder Genies betrachtet, sondern lediglich als »Gefäße«, die von diesem äußeren »Ding« benutzt wurden.

Sokrates glaubte, dass er von einem persönlichen Daimon unterrichtet wurde. Er betrachtete dies als ein »göttliches Geschenk« und erklärte, dass er jede seiner Anregungen blind befolgte. Tatsächlich tat der weise Mann selten etwas, ohne den Rat seines Daimons einzuholen, und ging so weit, dass er diese körperlose Führung irgendwann sogar seinen Freunden anbot. Also wenn das kein Trost ist! Sollte das Projekt, an dem Sie arbeiten, nichts taugen, können Sie die Schuld immer dem »Daimon« oder dem »Genius« geben. Nach dem Motto: »Hey, ich tue nur, was mir gesagt wird.«

Doch dann kam die Renaissance daher, und diese neue Mode besagte, dass das Individuum im Zentrum von allem stand. Vergessen waren Dinge wie Magie und Engel und körperlose Wesenheiten, die göttliche Führung übermitteln. Das ist nur was für Kinder und Narren.

Es erübrigt sich zu erwähnen, dass diese neue Denkweise Hunderte von Künstlern zum Schweigen brachte, die dem Druck nicht standhalten konnten, und ungleich viele mehr hinderte, erst überhaupt anzufangen.

Diese Woche werden wir einen Umweg zurück zu dem alten Entwurf nehmen, zu der radikalen Idee, dass unsichtbare spirituelle Mächte darauf brennen, Ihnen bei Ihren kreativen Projekten zu helfen. Manchen Leuten sind sie als Musen bekannt. Andere wiederum nennen sie Engel oder Gott. Der Name spielt keine Rolle. Sie um ihre Hilfe zu bitten allerdings schon.

Elizabeth Gilbert, Autorin von *Eat, Pray, Love*, sagt, dass diese Hilfe einer äußeren Macht sie beim Schreiben ihrer heute berühmten Erinnerungen gerettet hat. An einem besonders schwierigen Tag begann sie, das »Ding«, wie sie es nennt, anzuflehen. Das Auftragsprojekt, das sie schreiben sollte, kam einfach nicht in Fluss.

»Ich war völlig verzweifelt«, sagte sie. »Mir kamen Gedanken wie, ›Dies wird das schlechteste Buch, das es je gab.‹«

Sie dachte sogar daran, das Projekt aufzugeben und versuchte einen Weg zu finden, wie sie den Vorschuss zurückzahlen konnte.

Plötzlich erinnerte sie sich an etwas, das Tom Waits ihr gesagt hatte. Eines Tages, im Stau auf dem Freeway in LA, kam ihm eine Melodie in den Sinn. Er fand sie gut und hätte sie am liebsten sofort notiert. Doch mit beiden Händen am Steuer war er nicht wirklich darauf vorbereitet, ein Diktat aufzunehmen. Er schrie das »Ding« an und sagte: »Hey, siehst du nicht, ich bin beschäftigt. Such' dir jemand anderen!«

Gilbert beschloss, sich von außen an die Stimme zu wenden, wer oder was immer sie war. Sie sah von ihrem Manuskript auf und rief in Richtung Ecke ihres Büros: »Hör zu, *Ding*, du musst sofort herkommen und deinen Teil erledigen. Ich möchte zu Protokoll bringen, dass ich hier bin und bereit, meinen Teil beizutragen. Wo bist du?«

Diese einfache Verlagerung ihrer Perspektive, indem nicht *sie* es war, die schrieb, sondern es dem »Ding« überlassen war, das Manuskript zu produzieren, gab der Welt ein Buch, das Millionen inspiriert hat.

Oder denken Sie an den Regisseur Judd Apatow, der sagte, er fühle sich manchmal, als würde er Gott channeln.

Oder wie Ray Bradbury erzählt: »Ich schreibe meine Geschichten nicht – sie schreiben sich selbst. Eine Muse flüstert mir ins Ohr und sagt: ›Tu dies. Tu das.‹ Ich erfinde diese wundervollen Dinge mithilfe meiner Vorstellungskraft, und dann schaue ich sie an und denke, ›Fantastisch, habe *ich* das geschrieben?‹«

Los geht's!

ERFINDEN SIE EIN NEUES WORT.

»Gobblefunken Sie nicht mit Worten 'rum.«

– Roald Dahl, Autor von *Sophiechen und der Riese*

1978 spielte Robin Williams Mork vom Planeten Ork und erfand ein neues Schimpfwort: *»shazbot«*. Nicht nur wurde es im Vorspann der Show benutzt, sondern später sowohl von den Simpsons (in der Episode *Treehouse of Horror VI*) zitiert, als auch in dem Videospiel *Starsiege* und von AC/DC-Sänger Bon Scott, dessen letzte dokumentierte Worte waren: »Shazbot, schau an, schau an.«

Shonda Rhimes, die vom ABC Broadcast Standards and Practice Team den Befehl erhielt, das Wort Vagina nicht mehr so häufig zu benutzen (während sie interessanterweise für die siebzehnmalige Erwähnung von Penis keinen Rüffel bekam), erfand den Begriff ›vajayjay‹, der mittlerweile im Lexikon Einzug gehalten hat.

Welches Wort werden Sie dem Lexikon der Zukunft schenken?

Zumba für die Seele

- ✶ Säen Sie eine Pflanze, von der Sie noch nie gehört haben.
- ✶ Erfinden Sie eine neue nachmittägliche Gameshow.
- ✶ Entwickeln Sie ein Kreuzworträtsel.

Sie sind in guter Gesellschaft

Nach Harrison Fords erster kleiner Filmrolle rief ihn ein Manager in sein Büro, forderte ihn auf, die Tür zu schließen und informierte ihn, dass er es im Filmgeschäft nicht weit bringen würde. Soweit mir bekannt ist, hat er seit sechs Jahrzehnten eine erstaunliche Karriere hingelegt.

TEIL 2

Das Göttliche anzapfen

»Es ist die Aufgabe des Propheten, das Ministerium der Imagination lebendig zu halten, immer weiter zu zaubern und zu beschwören und dem Einen, vom König geweiht, alternative Zukunftsvisionen vorzuschlagen.«

– WALTER BRUEGGEMANN, Alttestamentarier

In Ihrem Inneren existieren tiefe, weite, unergründliche Dimensionen. Indem Sie der Kunst dienen, in jedweder Form, werfen Sie eine Angel aus in dieses unergründliche Mysterium und bringen etwas an die Oberfläche, das normalerweise jenseits Ihrer Reichweite liegt. Jemand hat diese »andere« Welt mit dem geheimnisvollen Koffer eines Bühnenzauberers verglichen. Wenn auch für das bloße Auge nicht sichtbar, besitzt der Koffer eine Falltür und verborgene Schubladen.

Kunst hat transformierende Kräfte, nicht nur für diejenigen, die sie ausüben, sondern für die Gesellschaft als Ganzes. Jedes Mal, wenn ein Mensch die Voltzahl erhöht, sehen wir alle klarer.

Kunst auszuüben – sei es, eine Statue zu schnitzen, Blumen zu arrangieren oder eine Komödie zu schreiben – heißt, Bedeutung zu affirmieren, Sinngehalt, »Ja« zu sagen zu dem Mysterium, trotz aller Tragödien und Mehrdeutigkeiten, die uns umgeben.

Es existiert ein starkes Vorurteil, dass die Künste lediglich der Zuckerguss sind – Schmafu, Tand, unnötig. Das ist dieselbe Stimme, die uns einredet, dass wir überflüssig sind, die Stimme, die uns eine Nummer zuteilt, eine Lochkarte, einen Platz in der Schlange.

Die andere Stimme, die magische Stimme, ist die Stimme, die uns aufruft, mehr zu sein. Es ist die Stimme des Universums.

Wie die folgenden Berichte zeigen, ist ein Künstler einfach ein Prisma, das Gottes Licht widerspiegelt.

WOCHE 14

»Es ist überall, einfach überall!«

»Die wahre Kraft hinter meinem Erfolg, wie groß oder gering er auch immer sein mag, ist etwas, das ich in meinem Inneren fand – etwas, das in allen von uns existiert, ein kleines Stückchen von Gott, das nur darauf wartet, entdeckt zu werden.«

– Tina Turner, Rocksängerin

Wenn Sie so sind wie die meisten Leute, stellen Sie sich Kreativität wie einen Privatclub vor, in dem die Tische exklusiv für die paar wenigen Talentierten reserviert sind. Sie glauben, Kreativität wird den Bachs, den Matisses, den Michael Jacksons der Welt bei der Geburt mitgegeben.

Sie andererseits (seufz seufz!) sind dazu verdonnert, Kreativität lediglich zu konsumieren, Ihr Wohnzimmer mit den Kunstwerken anderer Menschen zu schmücken, Ihre Abende damit zu verbringen, die Visionen anderer auf einem 40-Zoll-Bildschirm zu sehen.

Doch die Wahrheit ist, dass wir alle kreativ sind. Wir alle sind mit einem höheren Bewusstsein gesegnet und verbunden, das uns erlaubt, das Leuchten zu sehen, das so oft von dunklen Wolken verdeckt wird.

Wir alle haben die Fähigkeit, innovative Ideen umzusetzen, irritierende Probleme zu lösen und sogar Kunst zu produzieren. Das ist der Grund, warum wir unter der Dusche singen und lustige Bemerkungen auf staubige Autotüren schreiben.

Sie sind nach dem Bilde des Großen Kreativen Häuptlings erschaffen worden. Wie immer Sie über Gott denken (und ich weiß, viele von uns sehen ihn als ein altes Ekel voller Vorurteile, das im Himmel thront und nach der Chance lechzt, sein großes schwarzes Buch mit den Worten »böse, böse« vollzuschreiben), Sie können nicht verleugnen, dass ein beachtlicher Prozentsatz der Welt übereinstimmt, dass er in seinen Bewerbungsunterlagen wahrscheinlich den Begriff »Kreativität« nicht unerwähnt ließe.

Wer sonst würde sich die Mühe machen, jede Schneeflocke anders zu gestalten? So einzigartig wie die Fingerabdrücke aller zehn Finger der sieben Milliarden Menschen auf der Welt? Selbst Insekten, die geringste aller Arten, wurden mit wunderbar kreativer Überlegung erschaffen. Allein die Familie der Käfer weist mehr als 300 000 Varianten auf.

Genau wie der Barbier, der seine Rasiermesser an den Sohn weitergibt, hat der »Dude« wie ich Gott in meinem Buch E^2 nenne, diese »Fähigkeit zu erschaffen« an uns weitergegeben. Genau wie der Ingenieur, der lächelt, wenn sein Sohn aus Bauklötzchen eine Brücke baut, lächelt der Dude da oben, wenn wir Gedichte schreiben.

Die meisten von uns können problemlos akzeptieren, dass so zu sein wie Gott bedeutet, liebevoll und mitfühlend zu sein und weniger begünstigten Menschen Trockenmilch zu geben. Aber könnte es möglicherweise auch bedeuten, eine Skulptur herzustellen? Der Große Häuptling erwartet, mehr als alles andere, von uns, dass wir etwas erschaffen, uns Ausdruck verleihen, mehr so sind wie Er. Es ist nicht nur unser Recht, schöpferisch tätig zu sein, sondern unsere Pflicht und letzten Endes unsere Bestimmung.

Wenn Sie ein Smartphone kaufen, ist es bereit mit jeder Menge Apps ausgestattet – zum Beispiel Kalender, Landkarten, Kamera, Taschenrechner. Menschen, genau wie Smartphones, sind auch mit einer bestimmten »Software« versehen. Wir alle kommen mit der »App« hierher, Kinder zu produzieren, zu denken, uns zu verlieben. Ein anderes Programm, von Anbeginn in jedem von uns installiert, ist das Kreativitäts-Package. Im Moment mag es wie das iMovie auf meinem iPhone sein, inaktiv und unbenutzt. Doch genau wie das lila Symbol rechts oben auf meinem Handy wartet Ihr Kreativitäts-Package nur darauf, dass Sie es anklicken.

Als meine Tochter Tasman fünf war, fragte sie mich eines Tages: »Mom, werden aus allen Kaulquappen Frösche?«

Einen Moment lang wusste ich nicht, was ich antworten sollte. Manche wahrscheinlich nicht. Sie werden vom Rasenmäher zerquetscht, finden nicht genug Fliegen oder stoßen auf andere Kaulquappen-Probleme. Aber eines konnte ich ihr ohne Zögern sagen – jede einzelne Kaulquappe ist mit der Fähigkeit codiert, »ein Frosch zu sein«.

Los geht's!

ERFINDEN UND ERZÄHLEN SIE EINEN WITZ.

»Selbstverachtung funktioniert nie.«

– B.J. Novak, Komiker, Schauspieler, Autor

Woody Allen wollte eigentlich Zauberer werden – bis er entdeckte, dass er das Talent hatte, witzige Einzeiler für die New Yorker Boulevardblätter zu schreiben. Nach der Schule setzte er sich an seine Schreibmaschine und schrieb drei oder vier Seiten Witze, jedes Mal 50 oder mehr.
Sie sehen, man kann nie wissen, wohin ein guter Witz Sie führen könnte. Mein Freund Todd fing mit dem Witzeschreiben an – Sachen wie »ein Priester, ein Cowboy und ein Rabbi gehen in eine Bar…« – und tourt heute als Stand-up-Comedian durchs ganze Land.

Sie sind in guter Gesellschaft

Dreizehn Verlage lehnten William Kennedys mit dem Pulitzerpreis ausgezeichneten Roman *Wolfsmilch* ab.

Zumba für die Seele

- Laden Sie jemanden zum Tee ein, mit dem Sie sich noch nie verabredet haben.
- Schauen Sie sich die Suchanzeigen an und finden Sie einen Job, für den Sie eindeutig nicht qualifiziert sind, es aber gerne wären. Schreiben Sie einen Brief und sagen Sie Ihrem zukünftigen Chef, warum Sie perfekt sind für den Job. Schicken Sie ihn zusammen mit Ihrem Lebenslauf ab.
- Entwerfen Sie ein Puzzle.

Wichtiger Kreativitäts-Test

Hier kommt der zu hundert Prozent kostenfreie und absolut beste Test, der mir bekannt ist, um menschliche Kreativität zu messen.

Stift holen, und los geht's:

Pam Grouts Kreativitäts-Test

1. Atmen Sie? Ja _________ Nein _________

Kreuzen Sie Ihre Antwort hier an.

Wenn Sie die obige Frage mit »Ja« beantwortet haben, sind Sie hochkreativ.

Das war's schon. Keine weiteren Fragen.

WOCHE 15

Sie sagen, Sie wollen eine Revolution

»Mein Schicksal liegt zu hundert Prozent auf dem Rücken meiner Vorstellungskraft.«

– Shonda Rhimes, Produzentin von *Grey's Anatomy* und anderen Fernsehserien

Diejenigen unter Ihnen, die noch diesseits der Fünfzig sind, werden sich nicht an die Fitness-Revolution und das Leben davor erinnern. Damals war es nicht nur in Ordnung, ein Fitness-Muffel zu sein, es war die einzige Option.

Doch dann erfand Dr. Kenneth Cooper den Begriff »Aerobics« und überraschte die Welt mit der radikalen Idee, dass jeder trainieren sollte. Heute gibt es natürlich niemanden nördlich des Südpols, so er noch atmen und sich bewegen kann, der nicht entweder irgendeine Art physischer Aktivität ausübt – oder sich schuldig fühlt, weil er es nicht tut.

Diese gleiche Art der Revolution geschieht in unserem Gehirn – unserem, wenn Sie so wollen, *Kreativ*-Muskel. Es sind nicht nur professionelle Künstler, die Kreativität zum Leben brauchen. Genau wie unser Körper Muskelmasse abbaut, wenn wir ihn nicht benutzen, verkümmert auch unserer Vorstellungskraft.

Solange wir nicht unser begrenztes, gewohnheitsmäßiges Denken für eine umfassendere Sichtweise aufgeben, werden wir nie die großen Probleme der Welt lösen. Wir werden nie die wundervolle Welt der Verbundenheit, Magie und wahren Schönheit finden, die uns erlaubt, mit dem größeren Ding zu interagieren.

Wenn wir unsere Vision der rationalen Welt einengen – unsere Wahrnehmung der physischen Welt, die wir durch unsere fünf Sinne erfahren –, entgehen uns wichtige Dinge.

Die Vorstellungskraft andererseits kennt keine Grenzen und macht alles möglich. Sie kann eine Geschichte schreiben, die das Leben eines anderen Menschen verändert. Sie kann ein Gebäude entwerfen, ein Lied komponieren, eine ganze Nation inspirieren.

Mein Traum ist es, dass *Entfessle deine Kreativität* eine Revolution in Gang setzen wird, so umfassend wie die Fitness-Revolution in den Sechzigern. Ich stelle mir Büroangestellte vor, die sich beim Mittagessen ihre Gedichte vorlesen. Freunde, die sich in Cafés treffen, um gemeinsam zu schreiben; samstagabendliche Farbenfeste, wobei die Wände mit Papier beklebt sind, Schürzen verteilt werden und die Leute malen anstatt zu reden.

Schon heute gibt es Gruppen von Menschen, die kreative, erfüllende und schöne Dinge machen, die ihnen selbst und anderen Freude bringen.

In Lawrence, Kansas, wo ich wohne, gehen Leute auf die Bühne und erzählen wahre Geschichten – wir nennen es »Story-Slam«. Ein Typ erzählt vielleicht eine voll witzige Geschichte über den Don-Juan-mäßigen Gärtner, den er angeheuert hat. Oder eine Frau spricht über ihre Liebesaffäre mit Yoga. Und die, die keine Geschichte erzählen, jubeln und machen Pläne für den nächsten Monat, wenn sie selbst da oben stehen und zeigen, was sie können.

Wir alle müssen zeigen, was wir können. Das ist der Grund, warum wir hier sind.

Was soll's, wenn die *Cosmopolitan* nicht über uns schreibt? Was mich betrifft, sollte Erfolg an Freude und einem Gefühl des Erfülltseins und der Selbstachtung gemessen werden.

Kunst ist ein Werkzeug für das Leben, eine spirituelle Berufung. Es spielt keine Rolle, wer Sie sind, wie alt Sie sind, oder woher Sie kommen. Ein kreatives Leben wird Sie in die Wildnis führen, wo das Leben nackt, ungeschliffen, chaotisch und reich ist.

Vor hundert Jahren mussten wir zum Zwecke körperlicher Fitness weder joggen noch im Schwimmbad Bahnen ziehen, weil die meisten von uns Bauern waren, nach Kartoffeln gruben, Bohnen setzten und Mais pflanzten. Unser tägliches Leben gab uns genügend Gelegenheiten für körperliches Training, eher unter dem Begriff »Arbeit« bekannt. Wenn die Leute mit dem Umgraben des Feldes fertig waren, holten sie das alte Banjo hervor und sangen Lieder, oder sie setzten sich um den Herd, um Geschichten zu erzählen. Damals gab es weder Multiplex-Kinos, noch Netflix oder Amazon-Prime.

In dieser Woche werden wir die Zügel der Kreativität wieder selbst in die Hand nehmen. Wir brauchen keinen Verleger, der uns weismachen will, dass unser Buch nicht gut genug ist, um veröffentlicht zu werden; oder einen Musikproduzenten, der entscheidet, ob unsere Songs »dem gegenwärtigen Musikgeschmack« entsprechen oder nicht. Kreativität gehört uns allen und nicht irgendwelchen »Profis«.

Los geht's!

FERTIGEN SIE EIN SELBSTPORTRAIT AN.

»Ich verfügte über den üppig ausgestatteten und unbezwingbaren Wehrturm meiner Fantasie.«

– Poe Ballantine, Romanautor

Ich habe mein Selbstportrait in einem Fotoautomaten gemacht, wo man für ein paar Euro drei verschiedene Posen einnehmen kann. Ich hatte Hüte und diverse Verkleidungen dabei (nicht dass ich genug Zeit gehabt hätte, sie zwischen den Posen zu wechseln) und schnitt Grimassen.

Dann vergrößerte ich die Bilder auf einem Fotokopierer, fügte Zeichnungen und ein paar andere Fotos hinzu und besaß zum Schluss das, was in meinen Augen ein absolut einzigartiges Selbstportrait war.

Und denken Sie an Frida Kahlo, die eine Karriere daraus machte, nichts als ihr eigenes Selbstbildnis zu malen.

Zumba für die Seele

- Nehmen Sie Ihren Zeichenblock mit in den Park.
- Erfinden Sie ein Spielzeug, das Sie als Kind gerne gehabt hätten.
- Senden Sie sich selbst eine Postkarte.

Sie sind in guter Gesellschaft

Saul Bellows Englischlehrer im College bezeichnete ihn verächtlich als »Lusche«. Bellow, der später *Die Abenteuer des Augie March* und *Humboldts Vermächtnis* schrieb, gewann im Laufe seiner langen Karriere den Pulitzerpreis, den Nobelpreis für Literatur, eine Guggenheim Fellowship und die National Medal of Arts. Zudem ist er der einzige Autor, der drei Mal den National Book Award for Fiction gewonnen hat.

WOCHE 16

Die wahren Geschenke der Kreativität

»Ich möchte, dass du vor Aufregung Schaum vor dem Mund hast und in unbekannte Bereiche vordringst.«

– NATALIE GOLDBERG, Autorin von *Schreiben in Cafés*

Jeder, von Eckhart Tolle bis zu Doktoranden, die einen Achtsamkeits-Kurs in der Volkshochschule lehren, insistiert, dass der Schlüssel zum Glück lautet: »Präsent sein«.

Ich habe es mit Meditation versucht. Ich habe Yoga eine Chance gegeben. Ich habe mich bemüht, meinen unsteten Geist zu zähmen, der in 42 Richtungen gleichzeitig rennt, merke aber immer noch, dass ich an die Abschlussparty denke, die ich eigentlich für meine Tochter vorbereiten müsste; oder die Visarechnung, die nächsten Dienstag fällig ist. Mit anderen Worten, etwas so Grundlegendes wie »präsent sein«, ist nicht so einfach, wie es sich anhört.

Schließlich habe ich etwas gefunden, das mich zwingt, »im Moment zu verweilen«, total präsent. Es wird »Kunst« genannt, und der Grund, warum es funktioniert, ist, dass es verdammt schwer – was sage ich: unmöglich! – ist, an irgendetwas anderes zu denken, wenn man wirklich mit Leib und Seele beim Malen oder Schreiben oder was immer Ihre »Kunst« sein mag, bei der Sache ist. Die Zeit hält buchstäblich an. Nichts liegt mir ferner als der Gedanke an die Laufmasche in meiner Strumpfhose oder der teure Strafzettel für zu schnelles Fahren, den ich mir letzten Donnerstag auf dem Weg zum Zahnarzt eingehandelt habe. Zuweilen fühlt es sich dann an, als sei ich tatsächlich unmittelbar mit dem Göttlichen in Kontakt. Und das ist nur eines der Geschenke, die Kreativität ihren Jüngern bietet.

Leider verstehen das die meisten Menschen nicht. Sie denken, dass der Grund, warum sie ein Buch schreiben oder einen Film machen wollen, darin besteht, zu spielen oder zu tanzen, weil sie Matthew McConaughey oder Joyce Carol Oates sein möchten und Gast bei Oprahs »Super Soul Sunday«.

Sie gehen davon aus, dass die Frucht ihrer kreativen Arbeit darin besteht, ihren Namen auf der *New York Times*-Bestsellerliste zu sehen oder eine goldene Statue namens Oscar zu gewinnen. Geld, Ruhm und Fans, glauben sie, sind die Geschenke unter dem Weihnachtsbaum der Kreativität.

Verstehen Sie mich nicht falsch. Diese Geschenke sind alle zweifelsohne angenehm. Und es ist durchaus möglich, dass sie sich einstellen. Wie Keith Richards von den Rolling Stones sagt: »Die Leute haben das Bedürfnis, andere auf ein Podest zu stellen, sie als besser zu betrachten als sich selbst – wie Götter. Anstatt herauszufinden, was diese größere Macht ist, erschaffen sie sich ihre eigene irdische Version. Ich stehe auf der Bühne und denke, ›Warum schaut ihr mich an, einen verdammten alten Junkie, der auf seiner Gitarre rumhackt?‹«

Es stimmt, viele Menschen machen Millionen mit ihrer Kunst. Manchmal sind sie so berühmt und werden bei jedem Schritt so sehr von ihren Fans verfolgt, dass sie nur noch inkognito reisen können.

Doch das ist nicht nur ein Geschenk, sondern zuweilen eher eine Qual.

Ruhm ist verglichen worden mit einem Berg von Kokain auf einer Glasplatte. Keine Frage, eine Weile fühlt es sich gut an, sich nach Lust und Laune zu bedienen. Es lenkt Ihren Geist von Ihrem alltäglichen Leben ab. Doch wenn alles vorbei ist (sagen wir in drei Wochen, wenn das nächste Diät-Buch Sie von der Bestsellerliste drückt), sind Sie erneut ein Nervenbündel, auf der verzweifelten Suche nach der nächsten Dröhnung, dem nächsten Aufflammen von Ruhm.

Auf eine Bestsellerliste zu kommen bedeutet nicht automatisch, dass der Autor glücklich ist. Wahre Geschenke sind solche, die uns durcheinanderwirbeln, Leben in die Bude bringen und uns transformieren. Einen dicken Vorschuss zu bekommen, kann Ihnen zu einem neuen Auto verhelfen oder den Jahresbeitrag für den Country Club bezahlen. Doch er wird weder Ihr Herz öffnen, noch Ihre Seele erfüllen.

Anders als die wahren Geschenke der Kreativität. Die wahren Geschenke sind Schreiben, Malen, Schauspielen, Tanzen etc. Das Tun. Es ist der Weg, immer nur der Weg, der Früchte trägt und zum Erfolg führt.

Wenn Sie an Ihrer Kunst dranbleiben, werden Sie überrascht sein von der Freiheit, die Sie irgendwann gewinnen. Einer Kunst zu dienen erfüllt unsere tiefsten Bedürfnisse, gehört zu werden, gesehen zu werden, ein heiliges »Ja!« dem Wunder zuzujubeln, das uns tagtäglich umgibt.

Kunst öffnet Ihre Augen, durchdringt den Nebel und löst ihn auf.

Einer Kunst zu dienen hilft uns zu sehen, dass wir in einer ungeheuren Welt leben, reich an Details, mit einem berauschenden Überfluss an Schönheit.

Und wenn Sie erst einmal den Tautropfen wahrnehmen, der im Begriff ist, sich von der Spitze des Rosenblattes zu lösen;

die Sternschnuppe, die durch den mitternächtlichen Himmel schießt; den Typ mit der grünen Mütze, der jeden Nachmittag seinen Einkaufswagen zur Kegelbahn rollt: Was könnten Sie da anderes tun als zu sagen: »Danke«.

Los geht's!

LEGEN SIE EIN TRAUMTAGEBUCH AN.

»Kunst ist eine Kollaboration zwischen Gott und dem Künstler, und je weniger der Künstler tut, desto besser.«

– André Gide, ausgezeichnet mit dem Literaturnobelpreis

Legen Sie ein Notizheft und einen Stift auf Ihren Nachttisch, um Ihre Träume oder Traumfetzen festzuhalten. Das wird Ihnen helfen, wiederkehrende Muster, Trends und Symbole zu identifizieren und Ihnen Ideen für Zeichnungen, Malereien und Geschichten geben. Lassen Sie Ihre Musen wissen, dass Sie bereit sind, auf ihre Führung zu hören.

Zumba für die Seele

- Essen Sie heute im Freien.
- Stehen Sie um drei Uhr nachts auf, um zu sehen, was es im Fernsehen gibt.
- Gehen Sie auf ein verlassenes Feld und tanzen Sie.

Sie sind in guter Gesellschaft

Phil Collins war nach der Veröffentlichung seines Solo-Albums *Face Value* elf Tage nach seinem 30. Geburtstag überzeugt, dass seine Karriere am Ende war.

WOCHE 17

Das G-Wort

»Wir müssen akzeptieren, dass dieser kreative Puls in unserem Inneren der kreative Puls Gottes ist.«

– Joseph Chilton Pearce, Autor von *The Crack in the Cosmic Egg*

Dies ist die Woche, an der Sie vielleicht am meisten zu knabbern haben. Die Woche, wo wir der radikalen Idee nachgehen, dass Gott Ihnen bei Ihren kreativen Projekten helfen möchte, dass er tatsächlich Ihren Wunsch, Künstler zu werden, unterstützt.

Ich weiß, was die meisten von Ihnen denken. Dass die höheren Mächte oder Gott, falls Ihnen dieses Wort zusagt, in einem Lichtjahre entfernten Wolkenkuckucksheim leben und zu sehr daran arbeiten, den Hunger auf der Welt zu beseitigen, um Ihnen helfen zu können, einen Tafelaufsatz für den Esstisch zu basteln. Sie können einfach nicht glauben, dass die höheren Mächte Sie tatsächlich bei Ihren wildesten Träumen unterstützen.

Sie sind zwar bereit zu glauben, dass Gott das Meer spalten und Berge versetzen kann, doch Sie können partout nicht einsehen, dass er oder sie vielleicht auch ein paar gute Ideen für die dritte Szene im ersten Akt Ihres Drehbuchs haben könnte, über dem Sie gerade brüten.

Entweder das, oder wir möchten uns so weit wie möglich von Gott fernhalten. Denn wer will schon gerne Kreuze malen oder Portraits vom Letzten Abendmahl zeichnen?
Verscheuchen Sie diese irrationalen Gedanken aus Ihrem Kopf. Gott ist grenzenlos und steckt nicht in kleinen Schachteln voller Kreuze, Heiligenscheine und 10 Geboten fest.
Von Anfang an versehen wir Gott mit Einschränkungen. Wir beginnen, ihn als jemanden zu sehen, der ... naja ... so ist wie wir.
Der erste Schritt besteht darin, den Gott zurückzulassen, den wir uns gebastelt haben. Der Gott, der geizig und zornig ist und einen ZZ-Top-Bart trägt. Wir müssen die Möglichkeit in Betracht ziehen, dass Gott uns in Wahrheit mag, dass er jemand ist, der unsere abgefahrensten Träume unterstützt.
Was glauben Sie wohl, wer diesen Traum in Ihr Herz gepflanzt hat?
Gott, falls Sie es vergessen haben, ist der Schöpfer von Allem, was Ist. Er war der erste Künstler, der Funke, dem der Rest von uns entspringt. Und wie Julia Cameron klarmacht: »Künstler mögen andere Künstler.«
Warum sollte Gott nicht wollen, dass Sie etwas erschaffen und damit in seine Fußstapfen treten? Er gab Ihnen die Fähigkeit, zu träumen und Dinge zu kreieren. Muss er Ihnen auch noch den Pinsel in die Hand drücken?
Irgendwann haben wir uns die absurde Idee zu eigen gemacht, dass Gottes Absichten für uns mit hungernden Kindern in Afrika zu tun haben. Wir glauben, er möchte, dass wir unseren Kopf mit Asche bestreuen, niederknien und ständig wiederholen: »Vergib mir Vater, ich habe gesündigt.«
Nichts könnte weiter von der Wahrheit entfernt sein. Gottes Wunsch für Sie, für jeden von uns, ist totales und allumfassendes Glück, und wenn Sie einen Schritt in Richtung Ihrer Träume machen, wird er direkt hinter Ihnen stehen, zusam-

men mit einer Gruppe himmlischer Cheerleader, die lachend die Arme hochwerfen, in die Hände klatschen und rufen: »Los geht's, Mädel!«

Man kann Gott beim besten Willen nicht vorwerfen, dass er kleinkariert ist. Oder geizig. Oder irgendwelche Eigenschaften hat, mit denen Sie und ich uns 'rumschlagen. Die göttliche Quelle ist so großzügig, wie Sie es zulassen.

Der Club der Lügner, Mary Karrs Memoiren über Ihre schaurige Kindheit in einer sumpfigen Ölraffineriestadt im Osten von Texas, wurde mit Literaturpreisen überhäuft, verkaufte sich eine Million Mal und machte seine damals vierzigjährige Autorin, bis dato eine unbekannte Dichterin, zu einer literarischen Berühmtheit.

Doch Karr gibt zu, das alles wäre nie passiert ohne die Hilfe von dem »größeren Ding«.

Als sie das erste Mal widerstrebend um Hilfe bat, war sie eine überzeugte Zynikerin und wandte sich nur als letzte Möglichkeit an den, wie sie es nannte, »subtilen Bastard«, und auch nur, weil ihr Sponsor von den Anonymen Alkoholikern darauf bestand. Ihre ursprüngliche Reaktion war: »Ausgeschlossen … geht gar nicht, sorry.«

Selbst nachdem sie einen Anruf der Whiting Foundation erhalten hatte, einer Stiftung für angehende Schriftsteller, die ihr 35 000 $ zur Verfügung stellte, ohne dass sie sich darum beworben hatte, hielt sie an ihrer Skepsis fest. Es konnte nur ein Zufall sein, dass der Anruf innerhalb weniger Tage kam, nachdem sie den Typ da oben um Hilfe gebeten hatte, oder etwa nicht?

Doch die Segnungen waren nicht mehr aufzuhalten. Je mehr sie um Führung bat, desto schneller kam sie.

Als sie den Buchvertrag für *Der Club der Lügner* bekam, war sie frisch geschieden, eine alleinerziehende Mutter ohne Auto und praktisch mittellos.

»Ich suchte in meinen Taschen nach Kleingeld«, sagte sie. »Darauf zu hoffen, einen Vorschuss für mein Buch zu bekommen, war das Gleiche, als hätte ich gesagt: ›bei den nächsten Olympischen Spielen werde ich eine Goldmedaille gewinnen.‹«
Dennoch, der Anruf kam, drei Tage nachdem sie Ihren Buchvorschlag einem Literaturagenten unterbreitet hatte, der ihr bei einer Abendveranstaltung, die sie *zufällig* besucht hatte, über den Weg gelaufen war.
Heute nennt Mary Karr das unsichtbare Ding *Gott* und sagt, dass sie ihn jeden Tag um seine Führung bittet.
»Ich bete. Ich frage Gott, was ich schreiben soll. Ich weiß, das hört sich total verrückt an, aber so mach' ich es«, sagt sie. »Ich habe das Gefühl, dass Gott wollte, dass diese Bücher geschrieben werden. Was nicht heißt, dass sie darauf angelegt sind, Bestseller zu werden. Doch ich habe das Gefühl, als würde ich geführt. Nennen Sie es Selbsthypnose, Beten, was auch immer. Skeptikern sage ich: ›Versucht es einfach mal. Betet dreißig Tage lang, jeden Tag. Schaut, ob euer Leben besser wird. Was habt ihr schon zu verlieren?‹«

Los geht's!

SCHREIBEN SIE EINE DREISSIG-SEKUNDEN-PRÄSENTATION FÜR EIN KREATIVES PROJEKT.

»Ich werde keinen weiteren Tag warten, um den Schatz zu finden, den mein himmlischer Vater mir anbietet.«

– Ein Kurs in Wundern

In Hollywood werden Filme manchmal nur aufgrund einer fünfminütigen Präsentation verkauft. Also lassen Sie sich eine prägnante, zügige, verlockende Dreißig-Sekunden-Präsentation einfallen, entweder für einen Film oder irgendein anderes kreatives Projekt, das in Ihrem Kopf herumschwirrt.

Zumba für die Seele

- Probieren Sie vier neue Obstsorten.
- Lernen Sie Jodeln. An einem öffentlichen Ort.
- Stellen Sie eine Bibliothek mit inspirierenden Büchern zusammen.

Sie sind in guter Gesellschaft

Robin Williams galt in seiner Highschool-Klasse als »der mit den geringsten Erfolgschancen«.

WOCHE 18

Goldgräber der Kunst

»Bevor du dich zu weit zurücklehnst, kannst du es genauso gut riskieren und eine Bauchlandung hinlegen.«

– James Thurbor, Autor

»Gott sei dank sieht die Öffentlichkeit nur das fertige Produkt.«

– Woody Allen, Filmemacher

Wir vergöttern Picasso, nehmen an Gewinnspielen im Radio teil, um backstage Bon Jovi zu treffen, schreiben Leonardo di Caprio Fanbriefe – und lassen die Picassos und Bon Jovis in unserer eigenen Familie einfach links liegen.

Die junge Mutter mit den drei kreischenden Kindern, die in der Frittenbude arbeitet, trägt ein lustiges Gedicht in ihrem Herzen. Der Steuerberater mit der Krokodilledermappe hat ein abgefahrenes Rockvideo in seinem Kopf. Die Kassiererin im Supermarkt mit der lila Frisur hat ihr selbstgeschriebenes Originaldrehbuch unter der Theke.

Die Menschen, an denen Sie jeden Tag vorbeigehen, haben allesamt ungeahnte Talente, Leidenschaften, die in ihrer Brust schlagen, wie die Trommel eines Hexendoktors.

Doch wir sind so damit beschäftigt, die »echten« Künstler im TV zu bestaunen, dass wir die anderen gar nicht bemerken.
Wie viele Barbra Streisands, Robert Redfords, Lawrence Oliviers kennen Sie schon? Der nette Kerl, neben dem Sie jede Nacht schlafen; die Frau, die Ihnen jeden Morgen Ihr Lunchpaket in die Hand drückt – sie alle haben große Sehnsüchte, Geschichten und Songs. Aber wir gähnen und fragen, ob sie unsere braunen Socken irgendwo gesehen haben. Anstatt dass wir unsere Lieben bitten zu tanzen, fordern wir sie auf, den Müll runterzutragen.
Überall um uns herum gibt es Menschen wie John Suta, Mitte Siebzig, pensionierter Rohrleger aus Eugene, Oregon, der trotz Herzproblemen und Lähmungen in den Beinen jeden Tag mit seinem angeschlagenen Waldhorn erscheint, um mit der Roosevelt Middleschool-Band zu proben. Menschen wie Keith Anderson, Marketing-Manager in Westwood Hills, Kansas, der sich dreimal die Woche in die winzige Werkstatt im Keller seines Hauses zurückzieht, um aus Fasern und Farbstoffen Papier herzustellen.
Der Ruf der Magie lockt uns wie der Duft, der uns von einem frisch gebackenen Kuchen in die Nase steigt.
Doch wir denken immer noch, dass Martin Scorsese Mozart und Julia Roberts diejenigen sind, die das lange Ende vom Strohhalm gezogen haben.
Wenn professionelle Künstler einen längeren Strohhalm als Sie oder ich gezogen haben, liegt es nur daran, dass sie zur richtigen Zeit am richtigen Ort geboren worden sind.
Wäre Mozart nicht im 18. Jahrhundert in Salzburg als Sohn eines Vaters auf die Welt gekommen, der das örtliche Orchester leitete, hätte er vielleicht nie mit dem Komponieren angefangen.
Wenn Matisse in, sagen wir Sandusky, Ohio, geboren worden wäre, ist es eher unwahrscheinlich, dass er zu dem Künstler

geworden wäre, als den die Welt ihn heute kennt. Wäre andererseits Leroy Watkins 1869 in Le Cateau-Cambrésis geboren, würden seine Bilder heute vielleicht reichen Sammlern gefallen, für die Geld keine Rolle spielt.

Renoir, Monet, Cézanne und die anderen Impressionisten, die wir heute als Genies bewundern, wurden nur deshalb zu Genies, weil sie das entsprechende innere Feuer geschürt haben. Sie haben nicht gefragt: »Wo sind meine braunen Socken?« Vielmehr wollten sie wissen, wie weit sie gehen konnten, um Licht und Schatten einzufangen beim Malen der Vergnügungen und Freuden ihres täglichen Lebens. Sie wurden zu Verbündeten, teilten sich ihr Studio und unternahmen gemeinsame Malausflüge. Sie unterstützten einander und förderten diese neue »Lebensform«.

Genau wie die Impressionisten haben auch wir die Macht, den richtigen Ort und die richtige Zeit zu schaffen. Wir können unseren Genius anfeuern, können uns zusammentun, die Kunst in unseren Brüdern und Schwestern fördern.

Wäre es nicht großartig, sagen zu können, meine Stadt – Lawrence, Kansas oder Emden, Ostfriesland – war der Geburtsort einer neuen Kunstform? Und warum könnte es nicht tatsächlich so sein?

Motown existiert nicht, weil in Detroit in den 1950er- und 60er-Jahren so viel musikalisches Talent geboren wurde. Es existierte, weil ein Mann beschloss, das üppige Talent in Detroit zu fördern. Er hätte genauso gut in Denver, Colorado, danach suchen können.

Vielleicht besteht die wichtigste Aufgabe, die wir je in Angriff nehmen können, darin, ein Goldgräber der Kunst zu sein und nach der verborgenen künstlerischen Ader zu suchen, die sich tief durch die Seelen unserer Mitmenschen windet und sich nach Ausdruck sehnt, die Stimme, die flüstert: »Du könntest so viel mehr sein.«

Los geht's!

WERDEN SIE EXPERTE FÜR IRGENDETWAS.

»Du musst deine Kunst lieben, da du zahllose Stunden damit verbringen wirst, du wirst damit verheiratet sein, du wirst damit zur Schule gehen, du wirst damit schlafen, damit kämpfen, versuchen, sie aus deinem Leben herauszuschneiden, und vier oder fünf Jahre später wirst du all das weiterhin erdulden und deine Kunst sogar noch mehr lieben.«

– Jeanine Tesori, Komponistin

Wählen Sie ein Thema und lernen Sie alles darüber, was Sie finden können. Vielleicht sind es die Tasmanischen Teufel. Oder der Kräuteranbau auf dem Balkon. Oder Computer programmieren. Das Thema ist egal. Nur sorgen Sie dafür, dass es etwas ist, was Ihre Leidenschaft entfacht.

Zumba für die Seele

- Machen Sie eine Pantomime an einer Straßenecke.
- Gehen Sie mit Groucho-Marx-Brille und -Schnäuzer zum Einkaufen.
- Den ganzen Tag lang Aufzug fahren und Schuhe zeichnen.

Sie sind in guter Gesellschaft

James Joyce konnte morgens nicht mit dem Schreiben anfangen, bevor er nicht eine halbe Packung Zigaretten geraucht und Unmengen Kaffee konsumiert hatte. Irgendwann – sagte er – gab es dann keine weiteren Ausreden mehr.

WOCHE 19

Ihre eigene Bibel schreiben

»Es braucht Mut, erwachsen zu werden und der zu sein, der man in Wahrheit ist.«

– E.E. CUMMINGS, Dichter

Mein guter Freund Greg Tamblyn, ein begabter Songschreiber, hat ein lustiges Lied komponiert und als Titel für sein erstes Album gewählt. Es heißt »Shoot-out at the I'm OK, You're OK Corral.« (»Schießerei am Ich-bin-OK, Du-bist-OK Corral«) Es geht ungefähr so:

Mir war klar, dass es mehr war als ein kleiner Streit zwischen Liebenden.
Als sie mich neurotisch nannte und meiner Mutter die Schuld daran gab, brüllte ich: »Ich bin hier nicht der einzige mit Blockaden, Baby!«
Und so begann der Shoot-out am Ich-bin-OK, Du-bist-OK Corral.

Es ist insofern lustig, weil er und seine Freundin sich gegenseitig Beleidigungen entgegenschleuderten, Sätze, die sie aus den neuesten Selbsthilfebüchern kannten. Sie sagt: »Du hast ein

Peter-Pan-Syndrom. Du wirst einfach nie erwachsen.« Und er schlägt zurück mit: »Das musst gerade du sagen! Die Frau-die-zu-viel-liebt.«

Auch wenn der Song zum Schreien komisch ist, trifft er einen empfindlichen Nerv. Er zeigt deutlich eines der größten Probleme in unserer Kultur. Wir wenden uns nicht nach innen. Wir sind so damit beschäftigt, die Fernsehpsychologin zu zitieren, dass wir vergessen, uns selbst zu zitieren.

Was denken wir?

Die meisten von uns haben keine Ahnung.

Wir suchen nach Antworten von außen. Wir hören auf jeden anderen, nur nicht auf uns selbst.

Und das ist eine Schande. Lebenszeit wird vergeudet. Wir haben nicht das Vergnügen, das wir haben könnten. Wir machen nicht die herrlichen Dinge, die wir machen könnten. Wir leben nicht, feiern nicht, polieren nicht die einzigartigen Juwelen, die im Inneren eines jeden von uns nur darauf warten, in vollem Glanz zu erstrahlen.

Wir sind zu sehr damit beschäftigt, die »sieben Angewohnheiten für hoch-effektive Menschen« zu kultivieren.

Warum folgen wir Regeln, die ein Autor, dem wir nie begegnet sind, aufgestellt hat? Mir ist egal, wie smart Eckart von Hirschhausen oder wie gut drauf Barbara Schöneberger ist. Sie wissen nichts über die Geheimnisse in *Ihrem* Leben.

Es gibt nur einen Menschen, der es weiß.

Was mögen Sie? Was ist *Ihnen* wichtig?

Wissen Sie es?

Die erste Priorität eines Künstlers besteht darin, sich selbst kennenzulernen.

Nur dann kann er seine eigene Sache machen.

Sie müssen sich als Individuum erkennen, als jemanden, der sich grundlegend von anderen unterscheidet. Finden Sie das Besondere, das Sie ausmacht. Nur dann werden Sie sich frei fühlen.

Walt Whitman erklärte, dass nichts erleuchtender sei als ein ehrliches Gespräch mit sich selbst. Sein berühmter Kampfruf forderte jeden Menschen auf, sich selbst zu finden und dann der Welt diese Einzigartigkeit zu beweisen.

»*Grasblätter*«, schrieb er, »war vom ersten bis zum letzten Satz der Versuch, eine Person, einen Menschen (ich selbst in der zweiten Hälfte des 19. Jahrhunderts in Amerika) frei, ohne Einschränkungen und ehrlich zu protokollieren.«

Er fordert jeden Menschen auf, seine eigene Bibel zu schreiben. Wenn Sie damit fertig sind, sollten Sie Ihr eigenes Gebet schreiben. Ihr eigenes Credo festlegen. Nach Ihrer eigenen Musik tanzen.

Warum ist die überwiegende Mehrheit der Erwachsenen gelangweilt, einsam und von Angst gebeutelt?

Weil sie nicht wissen, wer sie sind.

Es gibt gigantische Probleme, die gelöst werden müssen – die Gesundheitsfürsorge muss reformiert, das Erziehungswesen verbessert werden. Fast alles könnte schöner gemacht werden, als es ist.

Wie kann da irgendjemand Langeweile haben?

Wir könnten aus purem Entzücken kreativ sein. Wir könnten jeden Tag in strahlender Überschwänglichkeit leben. Unsere einzige Aufgabe auf diesem riesigen Planeten ist es, unsere Lebendigkeit, unsere Leidenschaft zu finden, zu entdecken, was uns vor Freude in die Luft springen und auf dem Tisch tanzen lässt.

Los geht's!

SCHREIBEN SIE EINE SZENE
FÜR IHR NEUES DREHBUCH.

»Ohne Ihre Mitwirkung ist Kunst
nur ein ungenutztes Potenzial.«

– David Bayles, Fotograf, Autor und Seminarleiter

Wie bitte? Sie haben Ihr Drehbuch noch nicht angefangen? Okay, hier erfahren Sie, was Sie tun müssen.
Entwerfen Sie eine Figur. Stellen Sie sie in einen Aufzug. Erfinden Sie eine weitere Figur. Auch sie gesellt sich in den Aufzug. Das einzige Problem ist, dass der Aufzug zwischen der dritten und vierten Etage feststeckt. Was passiert jetzt?

Zumba für die Seele

- Benennen Sie einen Engel.
- Denken Sie sich ein Drama aus.
- Entwerfen Sie ein Vogelhaus.

Sie sind in guter Gesellschaft

Abraham Lincoln, unsicher bezüglich seiner 272-Worte langen Gettysburg-Rede, war überzeugt, dass sie schnell vergessen sein würde. Nachdem der renommierte Redner Edward Everett die Rede gerühmt hatte, schrieb Lincoln ihm zurück und drückte seine Dankbarkeit darüber aus, erfahren zu haben, dass sie kein »totaler Reinfall« war.

WOCHE 20

Auf die eigene Stimme hören

»Es war ein kühner Mann, der als Erster eine Auster aß.«

– Jonathan Swift, Autor von *Gullivers Reisen*

In der Schule hatte Walt Disney eine wohlmeinende Lehrerin, die einen Blick auf die Blumen warf, die der Kleine an den Rand seines Heftes gemalt hatte, ihm auf die Schulter klopfte und sagte: »Walt, mein Lieber, diese Blumen sind ja ganz nett, aber Blumen haben keine Gesichter.«

Walt schaute hoch, sah seiner Lehrerin voll in die Augen und behauptete kühn: »Meine schon.«

Das ist die Art von Selbstvertrauen, mit dem wir kreativ sein müssen.

Wir müssen uns weigern, auf irgendjemand oder irgendetwas anderes zu hören als auf das innere Drängen unserer Seele. Schon in frühester Kindheit geben wir die Zügel aus der Hand und überlassen sie anderen. Der Trainer sagt uns, ob wir gut genug sind für das Basketball-Team. Die Musiklehrerin entscheidet, ob wir Talent zum Singen haben und im Chor mitmachen dürfen. Unsere Lehrer geben uns willkürliche Noten, die uns sagen, ob wir klug genug sind, auf die Bestenliste zu kommen, intelligent genug, um zu studieren.

Unsere Kunstlehrer stellen Regeln auf, denen wir folgen sollen: Das Gras ist grün, der Himmel ist blau, und Blumen haben keine Gesichter.

Robert Fulghums mittlerweile berühmter Essay, *Alles, was du wirklich wissen musst, hast du schon als Kind gelernt*, kam als Theaterstück auf die Bühne. In einer der ersten Szenen fragt die Kindergartenlehrerin ihre neuen jungen Eleven, wie viele von ihnen Tänzer sind.

»Ich! Ich!«, rufen alle begeistert.

»Und wie viele von euch sind Sänger?«, fragt sie weiter.

Wieder schnellen alle Arme in die Höhe.

»Maler?«

Einstimmiges Melden mit den Händen.

»Dichter?«

Wieder einstimmiges Melden.

In der vierten Klasse stellt eine andere Lehrerin den gleichen Schülern die gleichen Fragen. Jetzt sind nur ein Drittel von ihnen Tänzer, Sänger, Maler, Dichter.

Auf dem Gymnasium ist die Zahl derjenigen, die bereit sind, sich künstlerisches Talent zuzugestehen, auf eine Handvoll Schüler gesunken. Wo ist das Selbstvertrauen hin, die Begeisterung?

Manche wohlmeinenden Eltern oder Lehrer haben ihren Kindern wahrscheinlich gesagt, dass sie nicht malen können. Irgendein Eignungstest mit einem ausgefallenen Namen legte eine offizielle Punktskala fest, die besagte, dass der Schüler seine irreführende Ambition, Schriftsteller zu werden, aufgeben sollte: »Versuch' es lieber mit Buchhaltung.« Manche Berufsberater verkündeten die Neuigkeit, dass nur ein paar auserwählte Wenige künstlerisches Talent haben.

Warum haben wir ihnen geglaubt?

Wie kann irgendjemand anderes wissen, welche Farben Ihre Blumen haben? Wie kann irgendjemand anderes sagen, wie Sie singen sollen?

Für ihr Buch *Musicians in Tune* interviewte Jenny Boyd, Exfrau von Mick Fleetwood, 75 zeitgenössische Musiker – jeden von Eric Clapton bis Branford Marsalis. Sie stellte fest, dass viele der heute erfolgreichen Musiker in ihrer Jugend Außenseiter waren, nicht Teil der coolen Clique an der Schule. Diese Entfremdung zwang sie, auf ihre innere Stimme zu hören, die so häufig unterdrückt wird. Aus schierer Verzweiflung und einem Gefühl des Nichtdazugehörens waren sie gezwungen, sich auf ihre eigenen Ressourcen zu konzentrieren.

Sie ließen es sich nicht nehmen, selbst zu entscheiden, ob ihre Blumen Gesichter hatten.

Sie sind ein von Gott erschaffenes Wesen. Was Sie zu sagen haben, ist wichtig und magisch. Werfen Sie die Fesseln jener wohlmeinenden Eltern und irregeleiteten Lehrer ab.

Diese Menschen wissen, was richtig für *sie selbst* ist. Doch sie haben nicht die geringste Ahnung, was für *Sie* richtig ist.

Nur Sie können das wissen.

Und Sie *wissen* es. Sie brauchen nicht noch ein Seminar, noch ein Buch, noch eine weitere spirituelle Beratung. Sie haben das Wissen. Erwecken Sie es zum Leben, benutzen Sie es.

Was Walt Disney betrifft – nun, seine Blumen hatten tatsächlich Gesichter. In *Alice im Wunderland*, seinem 18. Zeichentrickfilm, hatten die Blumen nicht nur Gesichter, sie verfügten zudem über Stimmen, ihren eigenen Charakter und bildeten einen Chor, der Alice mit dem lustigen Song »All in the Golden Afternoon« erfreute.

Los geht's!

LASSEN SIE IRGENDWO
IHR PERSÖNLICHES STATEMENT ZURÜCK.

»Graffiti ist eines der wenigen Werkzeuge, das jedem von uns zur Verfügung steht, überall. Und selbst wenn Ihnen kein Bild einfällt, um die Armut in der Welt zu heilen, können Sie jemand anderen beim Pinkeln zum Lächeln bringen.«

– Banksy, berühmt-berüchtigter Graffitikünstler

Ja, ich meine tatsächlich Graffiti. Nehmen Sie eine Dose Sprühfarbe. Kreide tut's auch. Doch der wichtigste Teil dieser Aufgabe ist es, sich ein persönliches Statement einfallen zu lassen. Was müssen Sie der Welt sagen? Was wissen Sie, das gesagt werden muss? Finden Sie eine gute Stelle (der Busbahnhof, der Bürgersteig vor dem Supermarkt, die öffentliche Toilette) und tun Sie Ihr Werk, wenn niemand zusieht. Und vergessen Sie nicht, auch ein staubbedecktes Auto eignet sich vorzüglich zum Bemalen.

Zumba für die Seele

- ✶ Machen Sie eine Polaroid-Fotostudie von Jugendlichen im Einkaufszentrum.
- ✶ Leihen Sie sich eine Rosarote-Panther-DVD aus.
- ✶ Essen Sie zwei Nachspeisen. Nackt.

Sie sind in guter Gesellschaft

Die mit dem Pulitzerpreis ausgezeichnete Dichterin Anne Sexton hatte zu viel Angst, um ihren ersten Poesie-Kurs zu belegen. Schließlich musste eine Freundin die Sache in die Hand nehmen und sie anmelden.

WOCHE 21

Gott zum Ruhm

»Mir wurde beigebracht, dass Beten,
so wie gute Manieren, daraus bestand,
›bitte‹ und ›danke‹ zu sagen.«

– Adriana Diaz, Autorin von *Freeing the Creative Spirit*

»Jetzt wo ich mich schlafen lege …«

Ich muss diesen Satz Tausende Male heruntergeleiert haben. Immer das »brave kleine Mädchen«, habe ich meine Gebete routiniert wie eine heckenschneidende Motorsäge aufgesagt. Vor den Mahlzeiten hieß es: »Gott ist groß, Gott ist gut …« Beim Schlafengehen betete ich: »Oh Herr, nimm dich meiner Seele an.«

Ich hätte genauso gut das ABC runterleiern oder das Telefonbuch lesen können. Ich fühlte keine Verbindung zu Gott, keine Verbundenheit mit der Heiligkeit des Lebens.

Anstatt eine Reihe von abgenutzten, leblosen Sätzen zu wiederholen, die von jemand anderem stammen, hätte ich auf meinem Bett herumspringen und meinen Dank dem Schöpfer vorhüpfen sollen. Ich hätte ein »Dankeschön« für die 32 Glühwürmchen hüpfen sollen, die ich am Abend eingefangen hatte. Hätte ein »Lob« für das lila Fahrrad hüpfen sollen, das Billy Blotsky mir geliehen hatte. Oder »Tut mir leid« für das unanständige Wort, mit dem ich meine Schwester betitelt hatte.

Aber nein, es war immer das gleiche alte »Jetzt wo ich mich schlafen lege …«

Die amerikanische Autorin Jean Houston fragte sich in einem ihrer Bücher, ob es vielleicht sein könnte, dass wir Gott langweilen. Hat er doch diese unglaubliche Welt mit 25 000 verschiedenen Orchideenarten, Landschaften so unterschiedlich wie die Wüste Gobi und die Ozeane geschaffen, und alles, was uns dazu einfällt, ist, stumpfsinnig herzusagen: »Gott ist groß, Gott ist gut.«

In Wahrheit ist Beten ein Akt spiritueller Intimität, ein tief greifender individueller Ausdruck von Dankbarkeit und Respekt. Es verbindet uns mit dem Großen Ding da oben. Es öffnet uns der spirituellen Präsenz, lässt uns mit etwas Großem und Weitem und Strahlendem kommunizieren.

In antiken Kulturen auf der ganzen Welt war es ursprünglich die Kunst, die zwischen Mensch und Gott vermittelte. Bevor Priester uns überzeugten, dass wir Mittelsmänner brauchten, interagierten wir selbst mit Gott, durch andächtiges Tanzen, Singen und Maskenbilden.

Auch heute noch wirbeln Derwische ihre Gebete. Afrikanische Stämme trommeln ihre. Tibetische Mönche blasen Mandalas. Dies alles sind heilige Akte, kraftvolle Methoden, um mit dem Schöpfer zu kommunizieren.

Kafka bezeichnete sein Schreiben als Beten. Der Jazzsaxofonist John Coltrane betete mit seiner Musik, behauptete, dass Musik der spirituelle Ausdruck seines Glaubens war, seines Wissens, seines Wesens.

Carlos Santana sagt, es sei unmöglich, seine Musik von seiner Spiritualität zu trennen.

»Meine Musik, meine Intentionen, Energie und Segnungen stammen alle aus dem gleichen universalen Ton, und ich versuche, ihn zum Ruhme Gottes einzusetzen«, sagt er. »Du musst anfangen, das Ganze nicht so ernst und persönlich zu nehmen und total steif zu werden, was nur deine Kreativität und Vitalität lähmt. Lass alles durch deine Musik rauskommen.«

Kunst, egal ob Höhlenzeichnungen oder mitreißende Gospelmusik, ist ein direkter Weg zu Gott. Ausgeführt mit der Verehrung und dem Respekt, die sie verdient, bietet Kunst magische Momente von Transzendenz, prophetische Erkenntnisse neuer Möglichkeiten des Seins.

Probieren Sie so viel Sie wollen, doch Jahre religiöser Studien und »Jetzt wo ich mich schlafen lege …« wird Sie nie so befreien, wie wahre Kunst es vermag.

Los geht's!

ERFINDEN SIE EIN NEUES BRETTSPIEL.

»Komm schnell, ich trinke die Sterne!«

– Dom Perignon, nachdem er den Champagner erfunden hatte

Lachen Sie nicht. Rob Angel war Kellner, bis er das Brettspiel *Pictionary* erfand, das sich in den USA allein in den ersten sechs Monaten fünf Millionen Mal verkaufte. Vielleicht möchten Sie ein Spiel mit Mördergeschichten erfinden, komplett mit Figuren, die allesamt verdächtig sind? Ein einzigartiges Spiel, nur für Ihre Familie? Laden Sie Ihre Freunde ein und spielen Sie die verschiedensten Ideen durch.

Zumba für die Seele

- Üben Sie eine neue Art zu gehen.
- Perfektionieren Sie irgendein Tiergeräusch.
- Legen Sie ein Blatt Papier neben Ihren Fernseher und notieren Sie Ideen für Ihre eigene TV-Show.

Sie sind in guter Gesellschaft

Rodin fiel dreimal durch die Aufnahmeprüfung bei der École des Beaux-Arts in Paris. Sein Onkel nannte ihn bildungsunfähig, und sein Vater sagte: »Mein Sohn ist ein Idiot.«

WOCHE 22

Es war einmal …

»Peter: Weißt du, ich kenne keine Geschichten.
Keiner der verlorenen Jungs
kennt irgendwelche Geschichten.
Wendy: Oh, wie entsetzlich!«

– aus *Peter Pan*, von J. S. Barrie

Als meine Tochter klein war, habe ich ihr jede Nacht vor dem Schlafengehen eine Geschichte vorgelesen.

Ich fing mit diesem intimen Ritual an, als ich noch schwanger war, und balancierte Klassiker wie *Der geheime Garten* und *Der Prinz und der Bettelknabe* auf meinem immer dicker werdenden Bauch.

Als Tasman drei war, begann sie um Geschichten zu betteln, die nicht in Büchern standen – Geschichten darüber, als sie ein Baby war, Geschichten aus meiner Kindheit, Geschichten über ihre Herkunft.

»Erzähl' mir die, wo die Seiten in dir drin sind«, bat sie eines Abends.

Sie wollte verstehen, woher sie kam, wie sie in das übergeordnete Bild passte. Sie wollte, dass ich ihr eine Geschichte aus meinem Herzen erzähle. Ich räusperte mich und begann …

Die Buschmänner der Kalahari glauben, dass die Geschichte eines Menschen sein kostbarster Besitz ist. Sie wissen etwas, das wir vergessen haben. Ohne eine Geschichte hat man weder ein Land noch eine Kultur oder Zivilisation.

Eine der kostbarsten Besitztümer des Schauspielers James Woods ist der Leinenbeutel, in dem er in seiner Kindheit Zeitungen ausgetragen hat. Vor einigen Jahren gab seine Mutter ihm den Beutel zurück, den sie aufbewahrt hatte, daran festgesteckt eine Notiz mit den Worten: »Vergiss nie, woher du kommst. Es wird dir gute Dienste leisten.«

Zu wissen und zu erzählen, woher wir gekommen sind, wird uns allen tatsächlich zugutekommen.

Wenn wir unsere Geschichte nicht erzählen, verlieren wir einen Teil unserer selbst. Wenn wir stumm bleiben, kein Wort über unsere Vergangenheit erwähnen, verlieren wir unseren Halt, unser Fundament.

Unsere Geschichten befreien uns. Wenn wir fähig sind, sie zu erzählen, fühlen wir uns lebendig. Das ist der Grund, warum eine neue Liebe sich so wunderbar anfühlt. Wir haben ein Publikum für unsere Geschichte gefunden, eine brandneue Person, die noch nicht die endlosen Wiederholungen unserer Freuden und Leiden gehört hat. Was nicht heißt, dass wir so hingerissen sind von dieser anderen Person. Vielmehr sind wir hingerissen von uns selbst, dem einzigartigen Menschen, von dem diese Geschichten handeln. Wenn die Liebe schal wird, liegt es häufig daran, dass wir uns keine Geschichten mehr erzählen.

Geschichten stellen die Verbindung mit uns selbst und mit anderen her.

Im Jahre 400 v. Chr. war Sokrates verärgert über diese neue Mode – Schreiben –, weil es die ehrwürdige Tradition des Geschichtenerzählers bedrohte. Er verkündete: »Die Entdeckung des Alphabets wird zu Vergesslichkeit in den Seelen der Schüler führen, weil sie ihre Erinnerungen nicht lebendig halten werden.«

Wahrscheinlich ist es eine gute Sache, dass er nie vom Internet gehört hat.

Wenn wir uns vom Fernsehen, das anscheinend all unsere Wünsche augenblicklich befriedigt, mit seinem konstanten Geräuschpegel unterhalten lassen, sind wir nicht gefordert, unsere Vorstellungskraft zu benutzen, zu interagieren oder zu reagieren. Wir lümmeln einfach nur herum, stumpfsinnig und taub.

Es ist genau das eingetreten, was Sokrates befürchtete – wir haben unsere Erinnerungen verloren, unsere Geschichten vergessen, uns exakt von dem abgewandt, das uns in unserem Menschsein verbindet.

Künstler sind die Geschichtenerzähler von heute. Egal ob ihre Geschichten in Bildern, Filmen oder Gutenachtgeschichten erzählt werden, Künstler halten die Geschichte ihres Stammes fest. Sie geben Traditionen weiter, erklären die Zeit, in der sie leben.

Haben nicht auch Sie eine Geschichte zu erzählen?

Los geht's!

PFLANZEN SIE IHREN STAMMBAUM.

»Ich glaube, was die amerikanische Familie braucht, ist mehr Tanzen, findet ihr nicht auch?«

– Vivi aus *Die göttlichen Geheimnisse der Ya-Ya-Schwestern*

Was wissen Sie über das Land oder die Gegend, aus der Ihre Familie stammt? Wie sind sie von dort hierher gekommen? Was wissen Sie über Ihre Vorfahren? Wenn möglich, planen Sie eine Reise an den Ursprungsort Ihrer Familie – vielleicht lebt ja noch ein entfernter Verwandter dort.
Machen Sie es wie Alex Haley, Autor von *Roots*, der in den USA bekannt dafür ist, dass er sich an die Arbeit machte und seinen Stammbaum zurückverfolgte. Ihre »Wurzeln« sind genauso interessant. Im Internet finden Sie hilfreiche Seiten zur Ahnenforschung.

Zumba für die Seele

- Machen Sie's wie Gene Kelly: Tanzen Sie im Regen.
- Entwerfen Sie ein neues Facebook-Profil.
- Veranstalten Sie eine Dichterlesung am Lagerfeuer.

Sie sind in guter Gesellschaft

Beim Schreibkurs der Stanford University schnitten die Studenten (und späteren erfolgreichen Autoren) Thomas McGuane, Larry McMurtry und Ken Kesey bei Weitem nicht am besten ab.

TEIL 3

Kill Bill

Wo wir Rache an den vielen Mythen über Kreativität üben

»Ich war nur ein Mädchen, das ihr Herz
in Händen hielt und es dann in die Höhe warf,
damit alle es sehen konnten.«

– Jen Lee, Filmemacherin

So wie Beatrix Kiddo, meisterhaft gespielt von Uma Thurman, die in Quentin Tarantinos Klassiker *Kill Bill* ihre Feinde zu Kleinholz verarbeitet, soll dieser Teil wie ein Samurai-Schwert die zahllosen Barrieren zertrennen, die seit Jahrhunderten im Namen von Kunst und Kreativität errichtet wurden.
Doch endlich sind wir dabei, aus unserem Koma aufzuwachen. Wurde auch Zeit. Wie die Braut in Kill Bill werden wir diese ganzen elenden Einschränkungen zerschlagen, die uns davon abgehalten haben zu sein, wer wir wirklich sind: meisterhafte Schöpfer mit unendlichen Talenten, Geschichten und Inspirationen, um die Welt total auf den Kopf zu stellen.

WOCHE 23

Mythos Nr. 1: Um Kunst zu machen, braucht man Geld

»Ich kann es mir nicht leisten, meine Zeit mit Geldverdienen zu vergeuden.«

– Jean Louis Rodolphe Agassiz, Biologe

Ich bin für immer dankbar, dass ich nie den berühmten französischen Roman *Die Bohème* von Henri Murger gelesen habe.

Wahrscheinlich hätte ich das Buch, Mitte des 19. Jahrhunderts überaus beliebt, verschlungen. Es geht um eine Gruppe verarmter Bohemiens, die in den Künstlervierteln von Paris lebten. Dieser Bestseller inspirierte nicht nur Giacomo Puccini 1896 zu seiner Oper »La Bohème«, sondern hat mit ziemlicher Sicherheit auch den heute allgemein bekannten Ausdruck »hungernder Künstler« salonfähig gemacht.

So wie Tom und Jerry oder Erdbeerkuchen und Sahne, sind diese beiden Worte seither untrennbar miteinander verbunden. Wie viele Plakate haben Sie schon gesehen, die für Ausstellungen armer oder hungernder Künstler werben?

Doch ist dies in Wahrheit ein außerordentlich gefährlicher Glauben, den kein Künstler akzeptieren sollte. Und er ist der erste Begriff auf unserer Liste, der unters Messer kommt. Diese Worte zu benutzen, selbst wenn sie nur als Scherz gemeint sind, halten ein Energiefeld aufrecht, das keinem von uns guttut oder nützt. Es untermauert die antiquierte Überzeugung, dass Sie A) »ohne Geld keine Kunst machen können« (so unwahr, dass es schon grotesk ist), und B) »als Künstler immer pleite sein werden«.

Zu meinem Glück habe ich diese Überzeugung nie geteilt.

Ich war naiv genug zu glauben, ich könnte als Schriftstellerin meinen Lebensunterhalt verdienen. Ohne einen Treuhandfond. Ohne ein sattes Sparkonto. Tatsächlich ohne irgendetwas anderes als meine verrückte Vorstellungskraft.

Vielleicht ist Ihnen aufgefallen, dass mein Nachname nicht Rockefeller lautet. Nicht nur bin ich mit einem krassen Mangel an Silberlöffeln auf die Welt gekommen, sondern mein Vater war ein schlecht bezahlter Methodisten-Prediger in einem Kuhdorf in Kansas.

Mir war völlig klar, dass ich – um meinen Traum, Autorin zu werden und die Massen mit meinen Worten inspirieren zu können – eine andere Art von Kapital finden musste. Ich musste mir kreatives Kapital einfallen lassen.

Diese Überzeugung war meine Rettung, vor allem weil ich in der amerikanischen Unternehmenskultur nicht wirklich gut zurande kam. Obwohl ich einen College-Abschluss in der Tasche hatte, mein einziges Zugeständnis gegenüber »Normalität«, sträubte ich mich gegen einen »echten Job«.

Selbst ein halbwegs normaler Job (in einem Vergnügungspark, der damals Lamar Hunt gehörte, dem Besitzer der *Kansas City Chiefs)* führte aufgrund meiner Wahl an Fußbekleidung und meiner extrem lockeren Arbeitseinstellung zu Stirnrunzeln.

Ich war nie ein Fan von Umfragen, Marktanalysen und Fünfjahresplänen, die vielleicht bei manchen funktionieren, mir aber keine Garantien bieten. Ich mache mich lieber auf zur

Quelle des Unbekannten, zum Fluss unendlicher Potenzialität, in das Gebiet des Brandneuen.

Das soll nicht heißen, dass ich immer an mich geglaubt habe. Da könnte ich genauso gut behaupten, van Gogh wäre nicht geisteskrank gewesen.

Doch zwischen ständig wiederkehrenden Perioden, in denen ich im Bett lag und meinen Deckenventilator anstarrte, fand ich immer wieder das nötige Vertrauen, um sicher zu sein, dass ich etwas erschaffen kann, das anderen Freude bringen würde. In den Pausen, in denen ich mich gedanklich nicht in Selbstmitleid suhlte, glaubte ich, dass ich mit nichts anderem als einer guten Idee kreatives Kapital generieren könnte.

Ich war in der Lage, nicht nur ein, sondern zwei Bücher selbst herauszubringen, obwohl ich als alleinerziehende Mutter einer Dreijährigen (während des ersten Buches) plus einer Siebenjährigen (während der Produktion des zweiten) alle Hände voll zu tun hatte.

Es war eine Sache, mich selbst als freischaffende Autorin zu bezeichnen, als ich noch alleine war, mit Freunden zusammenwohnte und um die Welt reiste. Doch als ich Mutter wurde, erwartete man von mir, realistisch zu sein, was bedeutete, dass ich mich häuslich niederließ und mir einen »richtigen« Job suchte.

Ich bin sehr dankbar, nicht darauf gehört zu haben.

Denn in Wahrheit ist es so: Sie brauchen kein Geld, um Künstler zu sein. Sie brauchen nur Eins: Beständigkeit, um wieder vom Boden aufzustehen, wo sie manchmal liegen (zumindest ging es mir so), Ihr Gesicht gegen den kalten Beton gepresst, und stöhnen: »Was hab ich mir bloß dabei gedacht?!?« Sie stehen einfach immer wieder auf und machen den nächsten Schritt.

Wenn Sie kein Budget haben, sind Sie gezwungen, kreativ zu werden. Sie *müssen* neue und interessante Möglichkeiten finden, Dinge tun zu können. Zum Beispiel mit anderen zusammenarbeiten, indem Sie Dinge oder Dienstleistungen tauschen.

Ich würde nie behaupten, dass es mit Geld nicht leichter ist. Yoko Ono wäre vielleicht nicht als einer der Pioniere interaktiver Kunst bekannt geworden, wenn ihr Großvater mütterlicherseits nicht Japans extrem erfolgreiche Yasuda-Bank gegründet hätte. Oder Rachel Rose, deren *Everything and More*-Video es 2015 nie ins Whitney-Museum geschafft hätte, wenn ihre Familie nicht eines der größten Immobilienvermögen New Yorks besessen hätte.

Doch es gibt Tausende von Ausnahmen – wie den Filmemacher Robert Rodriguez. Er wuchs in einer Familie mit zehn Kindern auf. Hätte er an das Märchen über Geld geglaubt, wäre er nie zu dem erfolgreichen Regisseur geworden, der er heute ist. Rodriguez verdiente das Geld für seinen ersten Film als freiwillige Versuchsperson für experimentelle Cholesterin-Medikamente. Während der 30 Tage im Labor, Gott weiß welchen Nebenwirkungen ausgesetzt, brachte er es fertig, das Drehbuch für *El Mariachi* zu schreiben.

Er war 22, gerade mit dem College fertig, und der in Spanisch gedrehte *El Mariachi* war sein zweites Projekt nach dem 8-Minuten-Film, den er mit einer alten Kamera aus dem Secondhandladen gedreht hatte. Dieser Debüt-Film mit dem Titel *Bedhead* kostete 800 Dollar und lief erfolgreich auf diversen Festivals.

Aus experimentellen Gründen beschloss er, aus seinem nächsten Projekt einen abendfüllenden Spielfilm zu machen … nur um in Übung zu bleiben, und weil es sich aufregend anhörte.

»Ich dachte mir, wenn ich einen achtminütigen Film für 800 Dollar machen kann, könnte ich ebenso gut einen 100-Minuten-Film für 8000 Dollar hinkriegen. Und wenn ich alles selbst machen würde (Finanzierung, Schreiben, Schneiden,

Licht, Casting), würde ich mindestens so viel an Erfahrung gewinnen wie auf der Filmschule.«

Also rief er seinen Cousin in Mexiko an, der eine Ranch hatte, perfekt als Schlupfwinkel für den Bösewicht im Film, und einen Freund mit einer Bar, wo die Schießerei stattfinden könnte. Ein anderer Freund hatte einen Pitbull, und wieder ein anderer eine Schildkröte, also wurden auch sie besetzt.

»Ich erwartete nicht, dass irgendjemand den Film sehen würde«, sagt Rodriguez. »Er war als rein kreative Übung gedacht.«

Und tatsächlich, als der spanisch gedrehte Film mit englischen Untertiteln auf dem Sundance-Festival lief und den begehrten Publikumspreis gewann, fühlte Rodriguez sich genötigt zu erklären, dass der Film als Demo angelegt war, ein Vorzeigeobjekt für sein Portfolio.

»Sehen Sie das Columbia-Logo zu Beginn des Films?«, fragte er das Publikum. Mittlerweile hatte er den Film an das Studio verkauft. »Das Logo allein kostet mehr als der ganze Film.«

Geld kann Ihnen auf die Sprünge helfen, doch ist es definitiv nicht zwingend notwendig.

Los geht's!

DREHEN SIE EIN YOUTUBE-VIDEO.

»Geld war nie das Ziel, sondern nur Freiheit.
Ich wollte einfach in der Lage sein,
nicht arbeiten gehen zu müssen.«

– Shay Carl, YouTube-Superstar

Diese Woche avancieren Sie zum Filmemacher. Joel und Ethan Coen fingen mit einer Super-8-Kamera an, mit der sie Filme nachmachten, die sie aus dem Fernsehen kannten. In der Mittelschule gelang ihnen der große Sprung nach vorne, indem sie nicht mehr Filme kopierten, sondern ihre eigenen drehten. *Henry Kissiger, Man on the Go* mit dem elfjährigen Ethan im Dreiteiler, in der Hand eine Aktentasche, wurde auf dem Flughafen von Minneapolis gedreht.

Die mit dem Oscar ausgezeichneten Brüder sagen, dass ihre heutigen Filme *(The Big Lebowski, Fargo, No Country for Old Men)* im Grunde genommen nicht so viel anders sind.

Oder nehmen Sie Shay Carl Butler, ein Vater, der seine Frau und fünf Kinder mit Lebensmittelmarken durchbrachte und heute YouTube-Millionär ist. Sein Shaytards-Kanal (benannt nach seinem ersten Video, wo er im Gymnastikanzug seiner Frau herumstolzierte) hat mehr als 3,5 Millionen Abonnenten. Obwohl Shay Carl vor Kurzem ankündigte, sich für mindestens ein Jahr von YouTube zurückzuziehen, haben die lustigen Streiche seiner Familie ihm die Möglichkeit gegeben, eine riesige Ranch in Idaho zu kaufen, Werbeverträge mit dem Warenhaus *Target* zu schließen, Berühmtheiten wie Matt Damon, Dave Ramsey und Steven Spielberg zu treffen und einen YouTube-Kanal zu starten (zusammen mit anderen YouTube-Stars), der für fast eine Milliarde Dollar an Disney verkauft wurde.

Was Sie dafür brauchen? Ein Smartphone. Den YouTube-Editor (kostenfrei auf YouTube).

Und die Fähigkeit, den Aufnahmeknopf an Ihrer Kamera zu drücken.

Zumba für die Seele

- Laden Sie zu einer Vollmond-Zeremonie.
- Backen Sie sich Ihren Traumprinzen bzw. Ihre Traumprinzessin.
- Schreiben Sie alle guten Dinge auf, die andere je über Sie gesagt haben.

Sie sind in guter Gesellschaft

Ludwig van Beethoven war extrem ungeschickt auf der Geige, und seine Lehrer sagten ihm, dass er nicht die geringste Chance hätte, als Komponist erfolgreich zu sein.

WOCHE 24

Mythos Nr. 2: Um Kunst zu machen, braucht man die Zustimmung von Profis

»Sie müssen nicht länger darauf warten, dass die Götter der amerikanischen Konzerne oder die Universitäten oder die Medien oder die Investoren aus den Wolken heruntersteigen, um zu bestimmen, dass Sie erfolgreich werden.«

– James Altucher, Autor von *Choose Yourself*

Mary Morrissey, Leiterin der Neugeist-Bewegung, erzählte eine lustige Geschichte über das Weihnachtsfest in Cabo, Mexiko. Am letzten Tag der Ferien beschlossen ihre erwachsenen Kinder, Geländefahrzeuge zu mieten, um über die Dünen und Strände zu brettern. Mary schob höchste Zufriedenheit und köstliches Wohlbehagen in dem Bemühen vor, nicht mitmachen zu müssen.

»Ich bin glücklich, einfach nur hier zu sitzen und zuzuschauen«, sagte sie.

Doch schließlich brachten die Kinder Mary doch dazu, mitzumachen. Es erwies sich sogar als recht vergnüglich, bis sie am Abhang einer Düne mit ihrem Fahrzeug stecken blieb. Ihre Kinder kamen der Reihe nach herunter, um sie zu ermutigen, doch alles umsonst. Sie ließ den Motor aufheulen, kam halb die Düne hoch. Alle feuerten sie an, doch jedes Mal schlitterte sie wieder runter.

Schließlich kam ihr Schwiegersohn und stellte fest, dass sie Gaspedal und Bremse gleichzeitig bediente.

»Mom«, sagte er. »Du verfügst über Kräfte, die du nicht nutzt.«

Und genau das ist das Thema dieser Woche. Die schöpferische Kraft liegt nicht darin, grünes Licht von einem Verlag, Herausgeber oder Agenten zu bekommen. Sie liegt in drei einfachen Buchstaben: D.I.Y. (Do It Yourself – nehmen Sie die Dinge selbst in die Hand).

Ich habe es geschafft, eine ziemlich fantastische Karriere hinzulegen mithilfe von etwas, das man eher ein Mini-Budget nennen könnte. Viele Jahre lang war meine Firma, wenn Sie es so nennen wollen, eine One-Woman-Show. Meine winzige Hinterzimmer-Verlagsfirma, Patootie Press, veröffentlichte zwei erfolgreiche Bücher, ohne einen kontrollierenden Verlag in Sichtweite. Das war lange vor Amazon und Kindle und den zahlreichen Selbstverlag-Plattformen, die das Selbstverlegen heute so viel einfacher machen.

Bis zum heutigen Tag poste ich meine eigenen Social-Media-Beiträge, erledige meine eigene Korrespondenz, kümmere mich um meine eigenen Buchungen und nehme eigene Nachforschungen vor, die – wie ich bereits erwähnt habe – in der Regel dem entsprechen, was immer meine Musen in mein Ohr zu flüstern geneigt sind.

Für *Jumpstart Your Metabolism,* meinem ersten Buchversuch (später an Simon & Schuster verkauft), habe ich nicht nur den Text geschrieben, sondern auch den Umschlag entworfen, die Schrift gesetzt und die Waage auf dem Titel gemalt. Außerdem haben Taz und ich gemeinsam die Cartoons für *Recycle This*

Book gezeichnet, das ich 2002 im Eigenverlag herausgebracht habe, auf braunen Supermarktpapiertüten.

Es hat einen kaum zu überschätzenden Vorteil, nicht auf eine Rückmeldung Ihres Verlages, Herausgebers oder Agenten warten zu müssen. Es gelang mir, *Recycle* herauszubringen und sogar Ausschnitte davon rechtzeitig für den Tag der Erde in diversen Fernsehsendungen unterzubringen, obwohl mir die Idee erst wenige Monate vorher eingefallen war.

Oder denken Sie an die Sängerin Ani DiFranco, die auf ihrem eigenen unabhängigen Label *Righteous Babe* mehr als 20 Alben veröffentlicht hat.

»Es war nicht so, als würde ich ein riesiges Büro in Downtown LA aufmachen, mit einem umfangreichen Team und einem blinkendem Neonschild«, sagt sie. »Es war tatsächlich eher so, dass ich eine kleine Tonaufnahme machte, sehr bescheiden das Ganze, direkt auf Band – billig, billig –, um sie bei meinen Auftritten in Bars zu verkaufen.«

Sobald Sie den Gedanken loslassen, erst einmal von sogenannten Experten auserwählt werden zu müssen, hat niemand mehr Macht über Sie. Sie können alles so machen, wie Sie wollen. Beschützen Sie Ihre persönliche Vision. Und Sie werden Ihr Leben frei leben können, im Dienst der Kreativität.

Wie DiFranco den vielen Plattenfirmen sagte, die sich um sie bewarben, nachdem sie groß herausgekommen war: »Danke für Ihr Interesse. Doch mein ›Ding‹ hat bereits genau die richtige Größe.«

Los geht's!

LASSEN SIE SICH TITEL UND THEMA FÜR IHREN TED-TALK EINFALLEN.

»Wir leben in einer Zeit, in der die beste Möglichkeit, einen Eindruck in der Welt zu hinterlassen, nicht mehr darin besteht, einen Brief an einen Herausgeber zu schreiben oder ein Buch zu veröffentlichen, sondern vielleicht einfach aufzustehen und zu sagen, was man denkt… weil sich heute sowohl die Worte als auch die Leidenschaft, mit der sie geäußert werden, mit Warpgeschwindigkeit über die ganze Welt ausbreiten können.«

– Chris Anderson, offizieller TED-Talk-Kurator

Wie Sie vielleicht wissen, ist TED eine globale Gemeinschaft für die Verbreitung guter Ideen. Die kurzen, höchstens 18-minütigen Vorträge beschäftigen sich mit den unterschiedlichsten Sujets, von Wissenschaft über Business bis zu globalen Themen. Die echte TED-Konferenz, die jedes Jahr in Monterey, Kalifornien, stattfindet, bringt inspirierte Denker zusammen, deren gute Ideen andere (hoffentlich) inspirieren, Konversationen entfachen und die Welt verändern. In dieser Woche werden Sie Ihre Stimme diesem Schmelztiegel freier Ideen hinzufügen.
Wie lautet Ihre Idee, die die Welt verändern kann?

1. Wählen Sie eine Idee, die Ihr Herz schneller schlagen lässt, über die Sie etwas wissen, was kein anderer weiß.
2. Verbinden Sie die Idee mit Ihrer persönlichen Geschichte. Ein TED-Talk ist eine Idee, die durch Ihre Geschichte menschlich nachvollziehbar wird.
3. Vermitteln Sie etwas, das andere Menschen dazu bringt, sich auszutauschen.
4. Und wenn ich auch keinerlei Versprechen mache, können Sie davon ausgehen, dass ein guter TED-Vortrag Sie und Ihre Idee bekannter machen wird. Nachdem der aufrüttelnde Vortrag über Verletzlichkeit von Brené Brown auf die TED.com-Webseite hochgeladen wurde, erntete die bis dato kaum bekannte Professorin 11 Millionen Klicks, eine Einladung zu Oprah plus sechsstellige Buchverträge.

Zumba für die Seele

- Schreiben Sie eine Dankesrede für Ihren Oscar.
- Entwerfen Sie ein Logo.
- Geben Sie ein Dinner mit »Hut-Zwang«.

Sie sind in guter Gesellschaft

Nach Fred Astaires ersten Probeaufnahmen hieß es in der Notiz des zuständigen Direktors bei MGM: »Kann nicht spielen. Kaum Haare, kann ein bisschen tanzen.« Astaire hängte diese Notiz 1933 über den Kamin in seinem Haus in Beverly Hills auf.

WOCHE 25

Mythos Nr. 3: Kunst machen ist kein *richtiger* Job

»Erwachsen zu werden wird total überschätzt. Schreib' einfach.«

– Neil Gaiman, Autor

In der Grundschule ist es total akzeptabel, auf die Frage, »Was möchtest du werden, wenn du groß bist?« zu antworten: Ballerina oder Rockstar. Oder Ähnliches.

Die Leute kichern, denken, ach, ist das nicht süß? Doch sobald Sie auf eine höhere Schule gehen, sollte die Antwort lieber mit etwas Praktischem zu tun haben, bei dem es um Arbeit, Computer und regelmäßige Einnahmen geht.

Ich kann Ihnen nicht sagen, wie oft ich verschiedenste Variationen dieser Frage gehört habe:

»Wann wirst du endlich erwachsen, suchst dir einen richtigen Job und hörst auf, deine Zeit sinnlos zu vergeuden?«

Mit anderen Worten, die meisten Menschen denken: *Künstler zu sein ist kein richtiger Job.*

Die meisten von uns wissen wenig über das Leben arbeitender Künstler, außer durchs Fernsehen, und jeder weiß, dass Menschen im Fernsehen total anders sind als Sie oder ich.

Die Performancekünstlerin Amanda Palmer sagte, dass sie bis zu ihrem ersten Konzertbesuch mit elf Jahren keine Ahnung hatte, dass Cyndi Lauper, Prince und Madonna echte Menschen waren.

»Ich dachte, sie wären total gut von Schauspielern dargestellt«, sagt sie.

In ihrem Buch, *The Art of Asking: Wie ich aufhörte, mir Sorgen zu machen, und lernte, mir helfen zu lassen,* erzählt sie in einer Geschichte nach der anderen, wie sie als Künstlerin nicht ernst genommen wurde.

Obwohl sie als »lebende Statue« in Harvard Square ziemlich gutes Geld verdiente, ging sie oft in die Defensive und nahm es persönlich, wenn Leute vorbeifuhren, ihr den Mittelfinger zeigten und brüllten: »Such dir 'nen Job!«

Wie sie sagt: »Das *war* mein Job.«

»Zugegeben, es ist ein ungewöhnlicher Job. Einen, den ich aus der Luft gegriffen habe, ohne Erlaubnis einer höheren Autorität. Doch ich arbeitete, und die Leute bezahlten mich dafür. Ich machte regelmäßig genug Geld zum Leben. Ist das etwa kein Job?«

Noch schlimmer als die Fingerzeiger war die Stimme in ihrem eigenen Kopf, die Stimme, der sie den Spitznamen »Betrugspolizei« gab.

Sie ging ungefähr so:

»Was fällt dir ein zu glauben, dass du es verdient hast, Geld zu kriegen, wenn du deine kleinen Liedchen singst?«

»Was gibt dir das Recht zu denken, die Leute sollten sich einen Deut um deine Kunst scheren?«

»Wann wirst du endlich zu einem produktiven Mitglied der Gesellschaft?«

Nach Jahren des Kampfes mit ihrer inneren Betrugspolizei gelangte Amanda schließlich zu der Erkenntnis, die ihr Leben veränderte: Du bist Künstlerin, wenn du sagst, dass dem so ist.

»Auf die Kunstschule zu gehen, einen Verlag zu finden, einen Vertrag zu unterschreiben: alles Quatsch, total unwichtig. Ob Sie ein Künstler sind oder nicht, entscheiden nur Sie.«
Nur Sie haben das Stimmrecht.

Los geht's!

ENTWERFEN SIE EIN KOSTÜM.

»Mein Ziel ist, pro Woche mindestens einmal etwas total Lächerliches zu sagen oder zu tun.«

– Maggie Kuhn, Gründerin der Gray Panthers

Dr. Patch Adam, der rebellische Arzt, in dem Film von 1998 von Robin Williams dargestellt, sagt, er könne sich nicht vorstellen, Medizin zu praktizieren, ohne kreativ zu sein, und behauptet, dass Kunst ebenso essenziell für Diagnose und Behandlung ist wie der Operationssaal. Ohne Kunst, fügt er hinzu, ist das Leben steril und sinnlos.

Patch glaubt daran, jedem Tag eine Dosis Überraschung, Spaß und Wildheit zu injizieren. Für gewöhnlich trägt er ein Clownskostüm, und ein Gorillakostüm besitzt er auch. Und von jemand wie ihm, der 1,95 m groß ist, mit Haaren bis zur Taille, ist nicht anzunehmen, dass er je auf dem Titel von *Vanity Fair* landen wird. Er stellt sich selbst Aufgaben, die er erledigen muss – zum Beispiel 50 Namen aus dem Telefonbuch anzurufen und sich in Konversation zu üben.

Große Freiheit geht damit einher, Risiken einzugehen, die enge Spur zu verlassen, die die Gesellschaft als »normal« vorschreibt. Patch empfiehlt, sich jeden Tag einmal zum Narren zu machen – bis es sich nicht länger unangenehm anfühlt. Beginnen Sie mit dem, was Patch »lächerliche Kleidung« nennt, Dinge, die auffallend sind und bunt und nicht zusammenpassen. Angesichts der engen Modestandards ist es kein Problem, sich etwas einfallen zu lassen, das allgemeines Kichern hervorruft und die Menschen daran erinnert, dass es jede Menge anderer Möglichkeiten gibt. Patch empfiehlt Feuerwehrhüte, Raumfahrerhelme und Mützen mit surrenden Propellern.

Zumba für die Seele

- Verkleiden Sie sich als Elvis. Gehen Sie tanzen.
- Veranstalten Sie einen Wassermelonenkerne-Weitspuck-Wettkampf.
- Färben Sie Socken und T-Shirts in derselben Farbe.

Sie sind in guter Gesellschaft

Meryl Streep, die öfter für den Oscar nominiert wurde als jeder andere in der Geschichte Hollywoods, wurde für die weibliche Hauptrolle in King Kong abgelehnt, weil sie nach Ansicht des Produzenten Dino De Laurentiis »zu hässlich« war.

WOCHE 26

Mythos Nr. 4: Echte Künstler haben auf der Kunstschule gelernt,wie man es richtig macht

»Expertise ist der Feind der Imagination.«

– Aleksandar Hemon, Autor von *Nowhere Man* und *Lazarus*

Lassen Sie uns den unangenehmen Teil gleich benennen und hinter uns bringen. Die Welt, wie wir sie kennen, ist aus den Fugen geraten. Fast alles, worauf wir uns verlassen haben, auf das wir gesetzt haben, woran wir geglaubt haben, ist praktisch gesehen vorbei.

Unternehmen sterben, die Mittelklasse schrumpft, Bildungskosten explodieren, und sogar die Glücklichen, denen es gelingt, das Goldene Vlies des Collegeabschlusses zu ergattern, können nicht unbedingt davon ausgehen, einen guten Job zu bekommen. Jeder Aspekt unseres Lebens befindet sich in einem Prozess tief greifender Veränderung.

Sich auf den althergebrachten Lebensplan zu verlassen (studieren, einen Beruf erlernen und ihn dann ein Leben lang ausüben) ist mittlerweile gefährlich für Ihre Karriere. Egal was manche Politiker versprechen, egal, wie viel Sie in Ihre Altersvorsorge investieren, es gibt keinerlei Garantie, alles Mögliche kann passieren.

Von einem Augenblick zum anderen hat das ökonomische System in der westlichen Welt aufgehört, eine zuverlässige Zitze zu sein, an der die Menschen saugen können.

Es steht außer Frage, dass der Kapitalismus lange Zeit funktioniert hat. Er hat zu massivem Reichtum geführt, Millionen von Menschen aus der Armut befreit und Milliarden zu Bildung verholfen. Vor dem Technologiezeitalter und der Globalisierung stellte der amerikanische Traum – ein von Fannie Mae geprägter Begriff, um nach dem Zweiten Weltkrieg Familien mit doppeltem Einkommen zu überzeugen, Hypotheken aufzunehmen – eine unwiderstehliche Verlockung dar. Es gab haufenweise Jobs. Die amerikanische Industrialisierung verbreitete sich auf der ganzen Welt.

Doch die meisten von uns erkannten nicht, dass es beim amerikanischen Traum, aufgedonnert im Kostüm millionenschwerer Werbesprüche, eine dunkle Seite gab, auf der ein Mr. Hyde lauerte.

Kreiert von ein paar ausgewählten Institutionen, die uns mit der absurden Idee versklavt hatten, dass wir glücklicher sind, wenn wir konsumieren – dass wir, wenn wir nur wirklich, wirklich, WIRKLICH ihrer Agenda folgten, mit Wochenenden und Urlaub und einem Haus mit Garten belohnt werden –, ist der amerikanische Traum heute im Sterben begriffen.

»Jeder, den ich kannte, hasste seinen Job und lebte in einem Zustand von ständigem Schmerz«, erzählte mir der Autor Davidji einmal über seine kurze Zeit an der Wall Street, bevor er seinen Job aufgab, um Meditation zu lehren. »Es ist, als hätte unsere Kultur die Kunst perfektioniert, Menschen das Gefühl zu geben, nutzlos und überflüssig zu sein.«

Der Anthropologe David Graeber äußert sich ähnlich: »Es ist wie eine Narbe auf unserer kollektiven Seele, dass unzählige Menschen, besonders in Europa und Nordamerika, ihr ganzes Arbeitsleben damit verbringen, Aufgaben zu erledigen, von denen sie insgeheim annehmen, dass sie nicht wirklich erledigt werden müssen. Der aus dieser Situation resultierende moralische und spirituelle Schaden ist tief greifend.«

Ich freue mich, offiziell verkünden zu dürfen, dass die Gefängnistore jetzt für alle offen stehen.

Was der Grund ist, warum die heutige Zeit so aufregend ist. Unsere Kultur ist dabei, sich neu zu ordnen.

Dank der Demokratisierung durch die digitale Technologie kann jeder, der es möchte, das tun, was er oder sie tun will. Die entsprechenden Werkzeuge sind uns jetzt allen verfügbar, um Erneuerer, Künstler, Erfinder, Schöpfer zu sein.

Wir leben in einer Zeit, in der eine Frau, die im Café auf ihrem Computer schreibt, Millionen Menschen erreichen kann. Wir leben in einer Ära, in der jeder, der es möchte, einen Durchbruch und eine Bühne haben kann.

Durch nichts anderes als das schiere Glück, ein Mensch zu sein, haben Sie all die Werkzeuge, all die Mittel zur Verfügung, die Sie je brauchen, um ein verrückt sinnvolles, produktives und glückliches Leben zu führen, bei dem es Ihnen an nichts mangelt.

Jeder Einzelne von uns hat innere Gaben und eine Verbindung zu der spirituellen Ebene, um eine neue Welt erschaffen zu können, eine Welt, die uns allen gerecht wird. Diese unsichtbaren Mächte haben sehr lange darauf gewartet, dass wir die überholte Idee sausen lassen, es gäbe Regeln, die wir von menschlichen »Experten« lernen müssen.

Die Zeit ist gekommen, unseren Glauben, unser Vertrauen, unsere Herzen und Talente dafür einzusetzen, *unsere* Träume und Visionen zu verwirklichen – und nicht jene von *denen da oben.*

Los geht's!

LASSEN SIE SICH ZEHN GESCHÄFTSIDEEN EINFALLEN, DIE SIE VON ZU HAUSE AUS STARTEN KÖNNEN.

»Die Leute sagen, dass man die Gelegenheit, so sie sich bietet, hereinlassen und einladen sollte, mit ihnen am Tisch zu sitzen. Völliger Quatsch: Wenn die Gelegenheit sich bietet, sollten Sie sie gefangen nehmen. Ich habe Gelegenheiten an einen Stuhl in meinem Keller gefesselt, mit einem Knebel im Mund. Wenn Sie ganz still sind, können Sie sie wimmern hören.«

– Tracy Morgan, Komiker

Erinnern Sie sich an die Richtlinien? Sie müssen erst gar nicht damit anfangen. Und gut müssen Sie auch nicht sein. Sprechen Sie mir nach: Ich dehne einfach nur meinen Ideen-Muskel. Yoga für die Vorstellungskraft.

Zumba für die Seele

- ✶ Schreiben Sie sich selbst einen Fan-Brief.
- ✶ Lassen Sie sich fünf neue ungeheuerliche Affirmationen einfallen.
- ✶ Tun Sie heute so, als wären Sie Ihr/e Lieblingsschauspieler /-schauspielerin.

Sie sind in guter Gesellschaft

Bonnie Raitt, zehnfache Grammy-Gewinnerin, sagt: »Es ist furchterregend, sich etwas Neues einfallen zu lassen. Ich denke zu viel und urteile zu viel. Scheußlich.«

WOCHE 27

Mythos Nr. 5: Wahre Künstler sind Genies

»›Down on the Corner‹ war ein Song, der darauf wartete, gehört zu werden.«

– Indianischer Weiser im Warm Springs Indianer-Reservat

Ich habe mal in Japan ein Seminar vor 1600 brüllenden Fans gehalten – viele von ihnen hatten mich am Flughafen in Tokio mit einer Maske meines Gesichts auf dem Kopf begrüßt. Dieser ausgelassene Fanclub brachte außerdem ein riesiges Transparent, Dutzende von Geschenken und eine Art Piñata mit, aus der Hunderte von gelben Papierschmetterlingen aufstiegen, ein Symbol, das ich in meinem Buch E^2 erwähnt hatte. Während meiner ganzen Woche in Japan kreischten die Leute jedes Mal, wenn sie meiner ansichtig wurden, bettelten um mein Autogramm und behandelten mich, als sei ich ein VIP. Als ich später meiner Möglichkeiten-Gang zu Hause davon erzählte, fühlte ich mich wie die Beatles.

Doch was diese japanischen Fans nicht erkennen, ist, dass die Bücher, die sie so toll finden und die meinen Namen tragen, nur einen Teil meiner Aktivitäten ausmachen. Jedes Buch, das ich je geschrieben habe, ist viel brillanter, viel einfühlsamer und viel interessanter als diese grobknochige Person namens Pam Grout. Wenn ich Zuspruch brauche, greife ich hin und wieder zu meinen Büchern, um über meine eigenen Worte nachzudenken.

Die kreativen Projekte, die uns anvertraut werden, haben ihr eigenes Leben, ihre eigene Weisheit. Wir müssen sie als etwas Reales anerkennen. Wir müssen uns klarmachen, dass sie viel klüger sind als wir.

Unser Job ist es, ihnen die Hand zu reichen und sie hereinzubitten.

Pablo Neruda, mit dem Nobelpreis ausgezeichneter Autor aus Chile, sagt, dass Worte, die nicht seine waren, aus einer unbekannten Quelle in sein Leben kamen. Die Poesie fand ihn, nicht umgekehrt.

Ihren kreativen Ideen Leben zu schenken, ist eher eine Art des Nachgebens, mehr passiv als aktiv.

In ihrem Buch *Big Magic: Nimm dein Leben in die Hand, und es wird dir gelingen* erzählt Elizabeth Gilbert die Geschichte eines kreativen Projektes, das nach ihrem Bestseller *Eat Pray Love* anklopfte. Die Story handelt von einer unverheirateten Frau mittleren Alters namens Evelyn, die nach 25 Jahren hoffnungsloser Liebe zu ihrem Chef in den brasilianischen Regenwald geschickt wurde, um die Investition der Firma in ein Autobahnprojekt zu untersuchen, das sich in nichts aufgelöst hatte.

»Es fühlte sich episch und spannend an«, sagte sie, ein sicheres Zeichen, dass es eine Geschichte war, die sie unbedingt schreiben wollte. Sie begann, Bücher über Brasilien zu bestellen, Portugiesisch zu lernen, gesellschaftliche Einladungen abzulehnen, damit sie an ihrem neuen Projekt arbeiten konnte. Sie schrieb ein Exposé und bekam einen Buchvertrag. Doch dann wurde sie »von einem wirklichen Drama« abgelenkt.

Nachdem Felipe, ihrem vormaligen Liebhaber und jetzigen Ehemann, den sie in Brasilien kennengelernt hatte, die Einreise

in die USA verwehrt wurde, legte sie ihre Notizen beiseite und flog um die halbe Welt, um bei ihm zu sein.
Bis sie nach langem Hin und Her sämtliche Emigrations-Probleme geklärt hatten und endlich in der Lage waren, nach Amerika zurückzukehren, vergingen zwei Jahre. Und wie sie sagt: »Das war eine lange Zeit, um eine Idee unbeaufsichtigt zu lassen.«
Als sie schließlich ihre Notizen wieder aufnahm, begierig darauf, endlich anzufangen, musste sie feststellen, dass ihr Roman sich verabschiedet hatte. Der Sog, der Zauber war weg.
Das hätte das Ende des Projektes sein können, doch zwei Jahre später, im Jahr 2008, lernte Elizabeth die Schriftstellerin Ann Patchett kennen. Nachdem sie zusammen an einer Podiumsdiskussion teilgenommen hatten, wurden sie Freundinnen, fingen an, sich Briefe zu schreiben, und Ann erwähnte ganz nebenher, dass sie im Begriff war, einen Roman über den Amazonas zu schreiben.
Elizabeth horchte auf und wollte sofort mehr darüber erfahren, denn schließlich war sie selbst einst von den Musen eingeladen worden, sich in das Thema Amazonas zu vertiefen.
Sie trafen sich zum Frühstück, und Ann sagte zu Elizabeth: »Okay, du zuerst. Erzähl' mir deine Amazonas-Story.«
Elizabeth fasste ihren Beinahe-Roman so kurz und bündig wie möglich zusammen. Ann starrte sie an, als hätte ihr Gegenüber soeben verkündet, sie wünsche eine Beilage lebender Küken zu ihrem Omelett. Sie saß buchstäblich eine ganze Minute stumm da, bis es endlich aus ihr herausplatzte: »Das ist doch wohl verdammt noch mal nicht dein Ernst!«
Anns Roman, an dem sie zu diesem Zeitpunkt fieberhaft arbeitete, handelte von einer ältlichen Jungfer aus Minnesota, die in ihren Chef verliebt war und in eine total verrückte Geschäftsidee im Amazonas-Dschungel verwickelt wird. Geld und Personen verschwinden, und ihre Protagonistin wird nach Brasi-

lien geschickt, um das Geheimnis aufzudecken, was ihr ruhiges Leben in ein totales Chaos stürzt.
Die beiden Frauen brauchten eine Weile, um ihre Fassung wiederzufinden, doch dann folgerten sie, dass die Idee, müde vom Warten auf Elizabeth, beschlossen hatte, jemand anderen zu finden, der verfügbar war und ihr zum Leben verhelfen würde. Wenn eine Idee wie ein Springteufel aus der Schachtel springt, ist Showtime, und man muss bereit sein loszulegen.
Zum Schluss noch diese witzige Beobachtung von Robert Rodriguez, der es nie versäumt zu betonen, dass er sein beeindruckendes Oeuvre und seine Kreativität dem unbekannten Mysterium verdankt. »Ich kann mir wunderbar die Musen vorstellen, wie sie auf uns herunterschauen, ihre Köpfe schütteln und sagen: ›Ts ts ts, glaubt doch dieser Nichtsnutz wieder, dass er das Ding allein gedreht hat.‹«

Los geht's!

SCHREIBEN SIE EINEN AUFSATZ MIT DEM TITEL »DAS IST ES, WAS ICH GLAUBE«.

»Ich habe immer gedacht, immer geschrieben, immer gespürt, dass etwas in der Erde steckt, das im Begriff ist, sich den Weg ins Licht zu bahnen.«

– LIN MANUEL MIRANDA,
Schöpfer des Musicals *Hamilton*

Von 1951 bis 1955 strahlte CBS Radio Network eine beliebte Sendung mit dem Titel *Das ist es, was ich glaube* aus. Moderiert von Edward R. Murrow, forderte die Sendung sowohl berühmte als auch ganz normale Menschen auf, kurze Essays über ihre persönliche Motivation und Lebensphilosophie zu schreiben und in der Sendung vorzulesen. Eine gedruckte Version war in 85 Zeitungen in ganz Amerika zu lesen.
2005 übernahm NPR die Regie, und die Sendung ist bis zum heutigen Tag ein Renner. Mehrere Universitäten machen Erstsemester damit vertraut, benutzen das Format in Englischklassen und ermutigen Studenten, ihr »Warum?« zu verfeinern, als Möglichkeit, sich ihrer persönlichen Grundwerte bewusst zu werden. Wie Ali Arnold, Professor an der University of New Orleans, einmal gesagt hat: »Wenn Sie das Essenzielle anzapfen … können Sie einen höheren Standard erreichen.«

Diese Woche werden Sie einen Essay zum Thema »Das ist es, was ich glaube« schreiben, unter Anwendung der Richtlinien unter diesem Link der NRP-Webseite: http://thisibelieve.org/guidelines/.

Zumba für die Seele

- Basteln Sie eine Piñata aus Pappmaché.
- Zeichnen Sie ein Bild auf eine Lebensmitteltüte aus Papier.
- Dekorieren Sie ein Fahrrad.

Sie sind in guter Gesellschaft

Drei Jahre nach der Veröffentlichung von *Der große Gatsby* hatte F. Scott Fitzgerald gerade mal 5,15 $ Tantiemen verdient. Zum Zeitpunkt seines Todes war das Buch vergriffen.

WOCHE 28

Mythos Nr. 6: Künstler haben viel mehr Talent als ich

»Ich war nur eine Schachfigur mit einem Stift, die alles aufschrieb.«

– Susan Wooldridge, Dichterin

Natalie Goldberg, Dichterin, Malerin, Zen-Buddhistin und Autorin von *Schreiben in Cafés*, eines meiner Lieblingsbücher über das Schreiben, wurde mal gefragt, was Talent für sie bedeutet. Ihre Antwort: »Ich schätze, ich glaube nicht an Talent. Ich weiß, dass es das gibt. So wie wenn man vielleicht mit einem hübschen Gesicht geboren wird – na und? Was bringt Ihnen das?«

Talent ist wie ein unterirdischer Strom – für jeden gleichermaßen verfügbar. Sie zapfen ihn an durch Ihre Bemühungen, und er fließt durch Sie nach oben.

Wenn jemand beschließt, nach Öl zu bohren, fragt ihn niemand, ob er auch das »angemessene Talent« dazu hat. Das Öl liegt da unten. Ihm ist egal, wer es bekommt. Es denkt nicht: »Also, ich mag diese Koch-Brüder mehr als Pam Grout.« Es ist für jeden da, der den Wunsch hat, danach zu bohren. Niemand will ein Diplom sehen, niemanden interessiert, ob Sie entsprechend ausgebildet sind.

Zugegeben, manche von uns leben in Russland oder Texas oder Saudi-Arabien, wo unter jedem zweiten Acker, jeder zweiten Düne eine potenzielle Ölquelle wartet, doch was kann irgendeinen von uns stoppen, dahin zu ziehen und eine Schaufel zu kaufen?

Die gute Nachricht ist also, dass jeder, der ein Künstler sein möchte, einer sein kann. Sie brauchen dazu nur A) den Wunsch, und B) die Bereitschaft zu graben.

Hauptsache ist, dass Sie etwas anderes anzapfen. Dann werden Sie zu einem Kanal dieser Kraft.

Henry Miller, der berühmte Autor und leidenschaftliche Maler, sagt uns, dass jeder Künstler, der sich selbst wirklich versteht, sehr bescheiden und demütig ist.

»Er würde sich selbst als einen Menschen erkennen, der eine bestimmte Fähigkeit hat und damit die Aufgabe, sie im Dienste anderer zu benutzen. Er hat nichts, worauf er stolz sein müsste, sein Name bedeutet nichts, er ist lediglich ein Instrument in einer langen Reihe von Instrumenten.«

Ideen, Erfindungen und Botschaften fließen kontinuierlich durchs Universum, sie suchen Leben, brauchen Orte zum Landen. Unser Job ist es, die Fluglotsen zu sein, die sie sicher landen lassen.

Faulkner hat einmal gesagt, dass, hätte er nicht *Schall und Wahn, Absalom, Absalom!, Requiem für eine Nonne* und andere Bücher geschrieben, die wir heute als Klassiker betrachten, sie ein anderer geschrieben hätte.

Der Grund, warum wir unsere Künstler verehren und uns vor ihnen verneigen, ist, dass sie wichtige Dinge übermitteln. Doch sie, die Künstler, sind nicht die Genies. Das Geniale sind die unglaublich fantastischen Dinge, die ständig durch den Äther schweben.

»Die Idee, dass ich dieses Stück Musik geschaffen habe, ist irgendwie anmaßend«, sagt Keith Richards von den Rolling

Stones. »Musik ist überall: Man muss sie nur auffangen. So als wäre man ein Rundfunkempfänger.«
Wir sind Kanäle, meine Freunde. Mehr nicht.
Erinnern Sie sich noch an die Ouija-Bords, mit denen wir als Kinder gespielt haben? Damals, als wir wissen wollten, wen wir heiraten würden oder ob Billy McDaniels überhaupt wusste, dass es uns gab.
Berühren Sie mit den Fingerspitzen leicht die künstlerische Wünschelrute. Sprechen Sie ein Gebet. Und fangen Sie an.

Los geht's!

LASSEN SIE SICH EINE IDEE
FÜR EIN TALKSHOW-FORMAT EINFALLEN.

»Es könnte sein, dass alle schlimmen Diktatoren in Wahrheit frustrierte Künstler sind – Mao mit seinen Gedichten, und Mussolini mit seinen Monumenten. Stalin war früher ein journalistischer Schmierfink. Pol Pot hinterließ eine sehr ausgefallene Fotosammlung. Und Osama hatte offensichtlich ein großes Interesse für Videos.«

– P. J. O'Rourke, Humorist

Erschaffen Sie ein Konzept für eine Talkshow. Wer würde sie moderieren? Welche Gäste werden geladen? Schicken Sie einen Brief an die verschiedenen Fernsehanstalten mit der Bitte vorsprechen zu dürfen. Sollten Sie tatsächlich eingeladen werden, könnte das der erste Schritt in Ihrer TV-Karriere sein.

Zumba für die Seele

* Gehen Sie im Schlafanzug ins Kino.
* Lernen Sie einen Kartentrick.
* Machen Sie einen Spanisch-Kurs (oder Französisch, Englisch etc.)

Sie sind in guter Gesellschaft

Norman Mailer, zweimal mit dem Pulitzerpreis ausgezeichneter amerikanischer Autor, hatte nicht den Nerv, sich beim Literaturmagazin seiner Highschool zu bewerben, und ein Professor in Harvard nannte seinen Schreibstil »mittelmäßig«.

WOCHE 29

Mythos Nr. 7: Kunst zu machen erfordert endlose Opfer

»Die Rettung, die du woanders gesucht hast, ist schon da, gewoben in die Fasern deines innersten Selbst.«

– Bob Savino, Weiser und Dichter aus Kansas City

In dieser Woche werden wir darangehen, ein Missverständnis auszuräumen, nämlich dass Kunst zu machen harte Arbeit ist. Dass es mit Schweiß, Angst und nie endender Selbstaufopferung zu tun hat.

Kunst zu machen ist so natürlich wie Einschlafen, so einfach wie Zähneputzen.

Sicher, ohne Hingabe an Ihre Kunst werden Sie nicht vorankommen. Und keine Frage, es beansprucht Zeit. Aber ich bitte Sie, was spricht dagegen? Würden Sie sich stattdessen lieber in Ihren Steuerbescheid vertiefen oder irgendwelche Dinge kaufen, die Sie nicht brauchen?

Wie mein Freund Bob Savino in seinem wunderbaren Buch *As The Spirit Moves* sagt: »Warum an der Schale kauen, wenn man die Frucht genießen kann?«

»Aber ich bin nicht kreativ«, insistieren Sie weiterhin im Jammerton.

Irgendwann im Laufe der Zeit haben wir die abwegige Idee verinnerlicht, dass Kunst zu machen eine qualvolle Arbeit ist, außer für die wenigen glücklichen Seelen, die es von Natur aus »gut können«.
Woher kommt diese idiotische Vorstellung? Sicher nicht von Kindern. Für einen Sechsjährigen ist das Vergnügen, einen Pinsel in einen Farbtopf zu tauchen und dann auf ein Blatt Papier zu schmieren, so natürlich wie Seilhüpfen oder »Hänschen klein« zu singen. Es ist definitiv viel natürlicher, als still am Esstisch zu sitzen oder Schnürsenkel zu binden.
Hart dagegen ist es, Zeit mit sinnlosen Beschäftigungen zu verbringen, den billigen Verlockungen zu erliegen, die von außen vielleicht gut aussehen, aber im Inneren so hohl sind wie eine leere Piñata. Wenn Sie in den beseligenden Armen Ihrer Muse ruhen, können Sie ungehindert auf dem Mond tanzen.
»Wenn Sie in einer afrikanischen Kultur aufgewachsen wären, würde es Ihnen nie in den Sinn kommen zu fragen, ob Sie ein Künstler sind oder nicht«, sagt David Darling, ehemaliger Cellist der Band *Paul Winter Consort*. »Es ist einfach eine Erweiterung unseres Menschseins.«
Das ist der Grund, warum Darling, der mehr als drei Dutzend hochbejubelte Platten aufgenommen hat und weltweit Konzerte gibt, die Seminare »Music for People« ins Leben gerufen hat, die Interessierten beibringen, wie man Musiker wird.
»Beibringen« ist wahrscheinlich der falsche Begriff, denn wie Darling sagt: »Die Idee, dass nur bestimmte Personen, die die richtigen Noten spielen, Musiker sind, ist für jemanden aus einer afrikanischen Stammeskultur undenkbar. Musik ist einfach fröhliches Lärmmachen, ein Zelebrieren von Bewegung und Tanz. Es ist Teil eines Rituals, um das Leben zu würdigen.«
Wie so viele Dinge haben wir diesen Teil unserer selbst, der es liebt, zu singen, zu tanzen, Musik zu machen, abgeschnitten. Wohlmeinende, aber unwissende Lehrer sagten uns, dass un-

ser mittleres »C« verstimmt war und unsere überschwänglichen Gefühle nicht mit dem wohltemperierten Gesang der anderen übereinstimmten. Wieder einmal stellten wir einen Teil des göttlichen Stroms ab.

An diesem Punkt in Ihrem Erwachsenen-Leben würden Sie wahrscheinlich eher eine Viper küssen, als den Mut aufzubringen, in der Öffentlichkeit zu singen. In der Dusche, nun ja, vielleicht –, aber soweit es Sie betrifft, verhält es sich mit Ihrer musikalischen Fähigkeit wie mit der sagenumwobenen ägyptischen Landschildkröte: Sie ist vor langer Zeit verschwunden.

Darling sagt seinen Studenten, sie sollen sich jedes Mal, wenn sie merken, dass ein negativer Gedanke hochkommt, einmal kräftig auf die Stirn klopfen. Gedanken wie:

»Ich vermassle alles.«

»Ich kann nicht singen.«

»Schwester Maria Magdalena hat mir damals in der vierten Klasse gesagt, ich könnte keinen Ton halten, und wenn ich ihn festbinden würde.«

Bevor Sie wissen, wie Ihnen geschieht, schauen Sie sich um und merken, dass sich alle auf die Stirn klopfen – selbst die Experten, die manchmal zu Darlings Seminaren kommen. Er hat mit allen gearbeitet, von Bobby »Don't Worry, Be Happy« McFerrin über Spyro Gyra bis zu Peter, Paul und Mary.

»Das Gefühl, wertlos zu sein, ist in allen Kulturen der Welt so verbreitet, dass es an ein Wunder grenzt, dass Menschen überhaupt irgendetwas gut finden können«, sagt Darling.

In seinen ungewöhnlichen, provokanten Seminaren bietet Darling eine breite Auswahl an Instrumenten an, Dinge, die Sie in Ihren typischen Symphonieorchestern wohl eher nicht finden würden. Zu seiner eklektischen Sammlung gehört alles, angefangen von Ziehharmonikas und Banjos, über japanische Tempelglocken, bis hin zu Kazoos (kleine Perkussionsinstrumente), Sägen und Zithern.

In der Tat ist es ziemlich schwer, zu große Ansprüche an die Musik zu stellen, wenn Sie zum Beispiel einen Maya-Regenstock benutzen, dessen weiches, lyrisches Rasseln von den Termitenhäufchen in seinem Inneren kommt.
Das ist der Grund, warum wir auf eine weniger überhebliche Weise an Kunst herangehen müssen. Holen wir die Kazoos hervor, die Fingerfarben und die Töpfe und Pfannen, auf denen wir als Kinder mit Vergnügen getrommelt haben.
»Wir haben das Gefühl dafür verloren, was es bedeutet zu spielen«, sagt Darling weiter. »Wir haben uns von Dimensionen unseres Wesens entfremdet, die unserer Vorstellungskraft völlig natürlich erscheinen. Anstatt uns zum Spielen zu ermuntern, fordern Erwachsene uns auf, ›geh' üben‹.«
Von klein auf wurde Ihnen beigebracht, Ihre Fantasie an der Tür abzugeben. Ihr unsichtbarer Freund, der Ihnen immer Geheimnisse ins Ohr flüsterte und alles über Seilhüpfen wusste, war weder in der Schule noch in der Kirche oder bei anderen wichtigen »Ereignissen« im Leben gern gesehen.
Laden Sie ihn wieder ein. Versenden Sie entsprechende Einladungen, auf die Rückseite Ihrer Einkaufstüte gemalt.

Los geht's!

SCHREIBEN SIE EINEN RAP-SONG.

»Als ich meinen Highschool-Abschluss machte, sagte mir mein Lehrer, ich sollte doch nicht mein Leben mit Musikmachen vergeuden. Derselbe Lehrer lud mich später ein, um in der Schule eine Rede zu halten.«

BIG SEAN, amerikanischer Rapper

Diese Woche werden Sie einen Rap hinlegen. Er braucht einen Aufhänger (so was wie eine These für eine Seminararbeit), einen zündenden Beat und einen guten Text. Machen Sie auf der Stelle den ersten Versuch. Oder brainstormen Sie ein paar Ideen. So oder so wird es der reine Wahnsinn sein.
Und jetzt los und an der nächsten Straßenecke singen.

Zumba für die Seele

- Kreieren Sie einen neuen Charakter für die *heute-show*.
- Rahmen Sie ein paar Blätter ein.
- Machen Sie eine Valentinskarte für jemanden, der Ihnen »durch die Lappen gegangen ist«.

Sie sind in guter Gesellschaft

Die allseits beliebte Schauspielerin und Komikerin Lucille Ball, ausgezeichnet mit einem Lifetime Achievement Award des Kennedy Centers, hörte von ihren Schauspiellehrern immer wieder, dass sie es nie zu etwas bringen würde.

WOCHE 30

Mythos Nr. 8: Künstler sind Freaks, total anders als Sie und ich

»Kunst ist die einzige Möglichkeit, sich aus dem Staub zu machen, ohne das Haus zu verlassen.«

– Twyla Tharp, amerikanische Choreografin

Wenn Sie so wie ich in einer Kleinstadt in Kansas aufgewachsen sind, treffen Sie nicht viele Filmemacher. Oder Schauspieler. Tatsächlich waren die einzigen »Künstler«, die ich je gesehen (ganz zu schweigen getroffen) habe, die Ink Spots, eine Gruppe halbprofessioneller, abgehalfterter Typen, die nach Elmsworth, Kansas (2.500 Einwohner) gekommen waren, um ihren einzigen Hit, »If I Didn't Care«, zu singen und das neue Gymnasium einzuweihen.

Da der Durchschnittsbürger in der Regel keinen Kontakt mit Künstlern hat, sehen wir Kunst nicht als etwas, mit dem wir uns beschäftigen könnten. Nie kommt uns der Gedanke in den Sinn, zu malen oder einen Film zu drehen oder ein Theaterstück zu schreiben, oder es zumindest zu versuchen. Wir betrachten uns selbst als »normale« Menschen – Menschen, die einem geregelten Beruf als Lehrer oder Busfahrer oder Kellner nachgehen.

Künstler sind anders. Freaks. Geheimnisvolle, dunkle, grüblerische Genies – definitiv nicht jemand wie Sie oder Ihr Onkel Alfred.

Die Medien tun nichts, um diesen Hauch des Geheimnisvollen zu lüften. Sie zeigen uns glamouröse Orte, wo berühmte Schriftsteller und Schauspielerinnen ihre Ferien verbringen und uns Geschichten über ihre exzentrische Leguan-Sammlung oder ihr 218. Body Piercing erzählen.

Wir vergessen, dass sie Menschen sind, die zum Frühstück wahrscheinlich Cornflakes essen, genau wie wir.

Wir vergessen, dass einen Film zu machen oder ein Buch zu schreiben ein Prozess ist, den jeder von uns meistern kann, wenn er oder sie es will.

Der einzige Unterschied zwischen Woody Allen und Ihnen ist, dass er daran glaubt, einen Film machen zu können.

Sie und ich glauben, dass wir einen Film *sehen* können. Wir denken nie daran, einen zu drehen. Wir würden nicht wissen wie.

Aber halten Sie sich fest: Sie wussten auch nicht, wie man Fahrrad fährt … bis Sie es lernten.

Um irgendetwas zu erschaffen – von einer Schokoladenmousse bis zu einem Vogelhaus oder einer fünfteiligen Miniserie fürs Fernsehen – braucht man ein Rezept. Jeder, der einem Rezept folgt, lernt den Prozess, kann Kunst produzieren.

Denken Sie bei den Projekten in diesem Buch bitte nicht: »Unmöglich, ich könnte niemals einen Country-and-Western-Song schreiben«, oder »Tanzen? Konnte ich noch nie.«

Erinnern Sie sich, was Gott Howard Finster, dem zum Maler mutierten Baptisten-Prediger gesagt hat, als Finster ihn darüber informierte, dass er nicht malen könne: »Woher weißt du das?«

Wie kann irgendjemand von uns es wissen, wenn wir es nicht versuchen?

Woody Allen erinnert sich an den genauen Moment, als er zum ersten Mal glaubte, einen Film machen zu können. Er war acht Jahre alt und sah Tyrone Power in *Der Seeräuber*, einem abenteuerlichen Piratenfilm. Er erinnert sich, wie er dachte: »Hey, das könnte ich auch.« Es war keine Offenbarung, die ihn auf der Stelle losschickte, um eine Filmkamera aufzutreiben, doch der Samen war gepflanzt – etwas, das ihn rief und ihm sagte: »Du hast die Fähigkeit, eine Geschichte auf diese Weise zu erzählen.«

Ein anderes Mal, als er sich nach dem Kino auf den Heimweg machte, fand er einen Filmstreifen mit einem halben Dutzend Bildern des Films *Four Jills in a Jeep* mit Phil Silvers und Carmen Miranda. Er war total fasziniert vom Anblick der Figuren, als er den Zelluloidstreifen gegen die Sonne hielt.

Beim Betrachten dieses Zelluloidschnipsels wurde ihm klar, dass Filme nicht nur magische Fantasien sind, die man an einem Samstagnachmittag im Kino sehen kann (natürlich war er bekannt dafür, dass er sie auch am Dienstag-, Mittwoch- und Donnerstagnachmittag sah, wo er eigentlich in der Schule sein musste). Sie wurden allesamt von Menschen erschaffen, und es gab ein Rezept, einen bestimmten Prozess, wie man so einen Film machen konnte.

Einen Prozess, den er, Allan Stewart Konigsberg, ein unbedarfter Junge aus Brooklyn, wahrscheinlich meistern konnte. Wen kümmerte es, dass seine jüdische Familie zu kämpfen hatte; was machte es, dass er die Highschool hasste, sein Studium am Brooklyn College schmiss. Er, Allan Konigsberg (seinen Künstlernamen benutzte er erst ab 1952) war überzeugt, dass er das Zeug dazu hatte.

Es ist eine überraschende Erkenntnis für die meisten von uns, dass wir Filmemacher oder Maler sein könnten. Doch diese Erkenntnis ist der Ausgangspunkt, von dem wir alle unsere künstlerische Karriere beginnen.

Solange wir Kunst als etwas betrachten, das über uns Normalos steht, und Künstler als Menschen, die anders sind als wir, werden wir nie in der Lage sein, unsere ureigene Kunst zu erschaffen.
Machen wir dem irrlichternden Glitzern der Kunstwelt den Garaus: Yeah, Künstler sind Propheten und Visionäre und außergewöhnliche Talente. Aber Sie auch.

Los geht's!

SCHREIBEN SIE EIN SCHLUSSKAPITEL.

»Man muss immer wieder üben, den Lärm der Kultur abzuschalten, um Botschaften zu hören, die aus unserem Herzen kommen. Wie ein Vogelkundler entwickelt ein Künstler die Fähigkeit, plötzlich auftauchende Bewusstseinsblitze in seinem Inneren wahrzunehmen und zu benennen. Wenn niemand außer Ihnen den Scharlacht-Tangaren sieht, können Sie mit Zuversicht sagen, ›Ich habe ihn gesehen‹.«

– Ani DiFranco, Sängerin/Liedermacherin

Sie haben 30 Minuten zu leben. Schreiben Sie eine Geschichte über das, was Sie mit diesen letzten kostbaren Minuten anstellen wollen.

Sie wird weder benotet noch dem Pulitzer-Preis-Komitee zugespielt. Sie müssen sie nicht einmal Ihrer Mutter zeigen, wenn Sie nicht wollen. Doch schreiben Sie irgendetwas. Was würden Sie in diesen 30 Minuten essen? Trinken? Mit wem würden Sie diese halbe Stunde verbringen wollen?

Zumba für die Seele

- Geben Sie der Wohlfahrt alle Kleidungsstücke, die Sie ein Jahr lang nicht mehr getragen haben.
- Tanzen Sie Boogie-Woogie in der Gemüseabteilung des Supermarktes.
- Stehen Sie jetzt gleich auf und verkünden Sie der Welt: »Ich bin ein Meisterwerk. Niemand ist so wie ich.«

Sie sind in guter Gesellschaft

Georgia O'Keeffe war zehn Jahre lang Werbegrafikerin, bevor sie den Mut hatte, das zu malen, was sie wirklich malen wollte.

WOCHE 31

Mythos Nr. 9: Bestimmte Voraussetzungen sind nötig, um Kunst machen zu können

»Ein Künstler ist jemand, der Bravour, Einsicht, Kreativität und Kühnheit benutzt, um den Status quo herauszufordern.«

– Seth Godin, Autor von *Purple Cow: So infizieren Sie Ihre Zielgruppe durch virales Marketing*

Bill Murray, in der Nähe von San Francisco mit dem Taxi unterwegs, begann ein Gespräch mit dem Fahrer.
»Also«, fing er an. »Was tun Sie, wenn Sie nicht Deppen wie mich durch die Gegend fahren?«
»Ich bin Saxophonist«, sagte der Fahrer.
»Üben Sie?«, fragte Bill.
»Ich wünschte, ich könnte es. Fahre leider 14 Stunden am Tag Taxi.«
»Und wo ist das Saxophon jetzt?«
»Im Kofferraum.«
»Gut, fahren Sie rechts ran«, wies Murray ihn an. »Ich fahre, und Sie können üben.«

Wie Murray es seinem Publikum in der Kneipe erklärte, in der sie auf ihrem monumentalen Trip nach Sausalito haltmachten: »Sein Saxophonspiel machte die Nacht zu einem Vergnügen.« Außerdem machte es den Mythos zunichte, dass bestimmte Voraussetzungen gegeben sein müssen, damit Kunst passieren kann. In dieser Woche werden wir die letzten der alten Schablonen zerreißen. Versuchen Sie erst gar nicht, mit irgendeiner der folgenden Ausreden daherzukommen:

»Ich lebe nicht in New York oder Hollywood.« Der Schauspieler Jeff Daniels wohnt in Chelsea, Michigan, einer Kleinstadt mit circa 5000 Einwohnern. Jeff Bridges lebt auf einer Ranch in Montana. Sean Penn lebte, nach dem Erdbeben 2010, für mehrere Monate in einem Zelt auf Haiti.
Als Crystal und Jeff Bridges ihre große Ausstellung moderner Kunst vorbereiteten, fanden sie überall kreativ tätige Künstler, ob in Ziegenställen im ländlichen Süden oder in Tortenmanufakturen in New England.
Und darf ich Sie daran erinnern, dass Nelson Mandela seine Memoiren im Gefängnis auf Robben Island auf eingeschmuggelten Fetzen von Papier geschrieben hat?
Wo leben Sie? Spielt nicht die geringste Rolle.

»Ich habe weder die richtigen Werkzeuge noch die passende Ausrüstung.« Der Maler Jimmy Lee Sudduth begann seine erstaunliche Karriere, indem er mit den Fingern auf der Erde vor der Veranda seines Elternhauses malte. Bei der Arbeit in Fayette, Alabama, fand er seine ganz eigenen »Leinwände« – Sperrholz, Türen, Holzbretter aus abgerissenen Häusern – und stellte seine eigenen »Farben« mit Lehm und Pigmenten von Dingen wie Beeren, Motoröl und Pflanzensäften her.
Oder nehmen wir seinen Malerkollegen aus Alabama, Thornton Dial, der in seinen Installationen alles Mögliche benutzte,

von verbogenen Mickey-Mouse-Figuren und Matratzenfedern bis zu Streifen ausrangierter amerikanischer Flaggen. Werke beider Künstler wurden im Smithsonian (American Art Museum) und MOMA (Museum of Modern Art) ausgestellt. Und keiner von beiden hatte die »erforderlichen« Werkzeuge.
»Machen Sie eine Bestandsaufnahme von allem, was Sie bereits zur Verfügung haben«, sagt Filmemacher Robert Rodriguez. »Wenn Ihr Vater einen Schnapsladen hat, machen Sie einen Film über einen Schnapsladen. Sie haben einen Hund? Machen Sie einen Film über Ihren Hund.«
Es gibt nichts, woraus man nicht Kunst machen kann.

»Ich habe die richtigen Techniken noch nicht erlernt, um einen Film zu machen, ein Buch zu schreiben, einen Song zu verkaufen.« Sprechen Sie mir nach. Es gibt nicht nur »den einen richtigen« Weg, Kunstwerke zu schaffen.
Um noch einmal den Gonzo-Regisseur Robert Rodrigues zu zitieren: »Sie brauchen keine mit allen Schikanen ausgestattete Kamera. Sie brauchen kein Drehbuch. Sie brauchen weder große Schauspieler noch eine tolle Kulisse und auch kein Geld, und schneiden müssen Sie Ihren Film auch nicht. Das Einzige, was Sie brauchen, ist ein Apparat, mit dem Sie einen Haufen aufeinanderfolgender Bilder aufnehmen können, plus eine Möglichkeit, sie vorzuführen.«

»Meine Sachen sehen nicht so aus wie die der anderen.« Glückwunsch! Sie haben soeben etwas Originelles kreiert. Sie haben gelernt, zu Ihrer eigenen Arbeit zu stehen, selbst wenn sie schauderhaft ist. Vor allem wenn sie schauderhaft ist.

»Ich kann keine Galerie, keinen Literaturagenten dazu bringen, mich zu vertreten.« Na und? Es gibt zahlreiche Webseiten, über die Sie Ihre Kunst verkaufen können.

Zahllose Künstler verdienen ihren Lebensunterhalt (noch ein Mythos: »Geld machen? Unmöglich!«) durch das Managen ihrer eigenen Webseiten, den Verkauf ihrer eigenen Werke und indem Sie eine Gefolgschaft aufbauen, unabhängig von dem alten Galerie-Modell.

»Ich bin nicht von Natur aus so talentiert wie echte Künstler.« Das ist der Punkt, wo Übung den Meister macht. Betty Edwards, Autorin von *Garantiert zeichnen lernen* hat Kunstmachen mit Lesen verglichen. Wir geben kleinen Kindern nicht einen Haufen Bücher und erwarten, dass sie wissen, wie man liest. Wir würden ihnen kein mangelndes Talent zum Lesen vorwerfen für den Fall, dass sie es nicht von alleine lernen. Wir alle lernen zu lesen. Wir alle können lernen, Kunst zu machen. Es geht einfach nur darum, den Prozess zu lernen und das Selbstvertrauen aufzubringen, einen Versuch zu wagen. Welches kostbare Talent haben Sie, nicht um etwas zu verkaufen oder zu überwinden, sondern um es der Welt anzubieten? Welchen Schatz haben Sie uns bis jetzt verheimlicht?

Los geht's!

SCHREIBEN SIE EIN GEDICHT AUF DEN BÜRGERSTEIG.

»Ich wünschte, Künstler würden einfach ein T-Shirt tragen, auf dem steht: Ich bin ein Dichter.«

– Liz Lamoureux, Künstlerin

Ja, es wäre schön, wenn Sie ein eigenes Gedicht schreiben würden, doch wenn nicht, finden Sie eins, das Ihre Seele berührt und stellen es der spazieren gehenden Öffentlichkeit vor. Ein Fernmeldetechniker in Kansas City benutzt Kreide in verschiedenen Farben, um im Stadtpark seine Gedichte aufs Pflaster zu schreiben. Spät in der Nacht, wenn niemand unterwegs ist, zieht er los und verrichtet sein kreatives Werk, und am nächsten Morgen erfreuen sich die Spaziergänger an den schönen Dingen, die der Unbekannte geschrieben hat.
Und wenn Sie ein Gedicht brauchen, dürfen Sie gerne das von meiner Freundin Virginia Petzold nehmen, die es großzügigerweise in einem Seminar, das ich letzten Sommer in New York geleitet habe, zur Verfügung stellte:

»Was am wichtigsten ist«
Jetzt sehe ich jenseits der Illusion meiner imaginären Angst
Als ich, noch klein, an eine Lüge glaubte
... in einem so empfindsamen Alter

Die Lüge lag heiß und schwer auf mir wie ein Stein und verdunkelte mein inneres Leuchten
Denn sie machte es sich gemütlich in meinem Herzen einem so empfindsamen Ort
Ein Stein, der nicht wirklich mir gehörte, doch in meine Richtung geschmissen wurde
Und so machte ich ihn mir eine Zeit lang zu eigen ... ich gab ihm meine Aufmerksamkeit
Der Stein war kalt und rau und gab mir das Gefühl, nicht gut genug zu sein
Ein Stein, nicht aus Liebe gemacht, so viel ist klar
Sondern aus Vorurteilen, Unsicherheit und Angst

Im Laufe der Zeit verdunkelte er immer mehr mein Licht und legte sich schwer auf meine Seele
Sorgte dafür, dass ich nicht mehr richtig funktionieren konnte ... mich von dem Ganzen lossagte
Dem Ganzen, das richtig und wahr ist für mich
Ich tauschte Wahrheit und Licht ein gegen das, was ich glaubte sein zu müssen
Und nährte so den Irrtum meiner Angst
Vor dem, was ich dachte zu sein
... in einem so empfindsamen Alter

Dann brachte mich eine kreative Macht in meinem Inneren irgendwie dazu, aufzuwachen
Und die innere Essenz meiner Seele zu fühlen, die ich so lange im Stich gelassen hatte
Es war, als hätte ich den Klang einer entfernten Trommel vernommen

Ich fühlte meine wahre Schwingung … mein eigenes magisches Summen
Und so lernte ich, die Flamme der Liebe und Freude und Wahrheit anzufachen
Die eingeschlafen war im Kern einer Lüge, die sich wie ein Panzer um meine Jugend gelegt hatte
Der Rhythmus dieser Musik half mir die zu lieben, die ich sein muss
Doch brauchte ich noch etwas anderes, um zu fühlen, dass ich frei war

Ich fühlte mich noch immer gefangen in der Lüge, die diese falsche Vision antrieb
An der ich so lange festgehalten hatte … sie baute die Gitter meines imaginären Gefängnisses

Und so versteckte ich mich mehr als vierzig Jahre hinter diesen Mauern
Ich konnte das Risiko nicht ertragen, gesehen zu werden
Als die, die ich glaubte zu sein
Ich konnte die Tränen nicht weinen
Was mich zurückhielt zu erkennen, wer ich in Wahrheit war, in all diesen empfindsamen Jahren

Und dann eines Tages fand ich den Mut, mich jenseits meiner Angst zu wagen
Ich berührte die Mauer aus kaltem Stein, um zu sehen, was ich finden würde
Ich fühlte die lange zurückgehaltene Wut, Angst und Trauer
Eine dunkle Nacht der Seele, keine Frage … es war absoluter Wahnsinn

Und so liefen mir die Tränen über das Gesicht
Um den Stein zu schmelzen, der den empfindsamen Raum
in meiner Seele blockiert hatte

Sie rannen mit solcher Wucht, dass sie die Gefängnismauern
sprengten
Und ich ins Innere meines Herzens greifen konnte
Und fühlte jenseits der Illusion … nichts als ein imaginäres
Gespenst
Um zu sehen, was wirklich am wichtigsten ist
Dass ich aus Liebe und Gnade geschaffen wurde
Es gibt keinen Grund, mein Gesicht zu verbergen
Und endlich
Bin ich mir selbst Freund
Der Schlüssel, um frei zu sein
Besteht darin, ich selbst zu sein

Zumba für die Seele

- Tanzen Sie 15 Minuten lang zu Ihrer Lieblingsmusik.
- Kaufen Sie ein Lotterielos und gönnen Sie sich das Vergnügen zu planen, wofür Sie Ihren Gewinn ausgeben werden.
- Laden Sie Freunde zum Geschichtenerzählen ein.

Sie sind in guter Gesellschaft

Die Schauspielerin Carey Mulligan wurde von jeder Schauspielschule, bei der sie sich bewarb, abgelehnt. Einer der Lehrer am Drama Center London sagte der Oscar-nominierten Schauspielerin, sie solle ihr Glück stattdessen als Fernsehmoderatorin für eine Kindersendung versuchen.

TEIL 4

Kreatives Kapital erwirtschaften

Warum Sie Netflix sagen sollten,
wo's langgeht

»Freude ist in allem und jedem, was wir erleben. Wir müssen nur den Mut haben, unsere gewohnte Lebensweise aufzugeben und es wagen, unkonventionell zu sein.«

– Jon Krakauer, Autor und Bergsteiger

Finanzielle Einschränkungen dienen oft als bequeme Ausrede, warum wir uns weigern zu antworten, wenn die Muse ruft: »Hallo, jemand zu Hause?«

In der Regel läuft dann in unserem Inneren ungefähr diese Argumentationsschiene ab:

»Ich werde meinem Traum folgen, da bin ich mir sicher, sobald ich genug Geld gespart habe und keine Miete mehr bezahlen muss.«

Tut mir leid, aber ich habe nur ein Wort für diese extrem seichte Ausrede: Blödsinn!

Sicher, ich kann die Tatsache nicht ignorieren, dass so gut wie alles, was wir aus reiner Leidenschaft tun, irgendwann kommerzialisiert wird. Und keine Frage, der Gedanke, dass finanzielles Kapital hart zu beschaffen ist, macht die Sache nicht leichter.

Doch jetzt kommt's. Geld und Kreativität haben absolut nichts miteinander zu tun.

Kreatives Kapital, im Gegensatz zu finanziellem Kapital, ist praktisch unbegrenzt. Es hat keine Untergrenze, keine Obergrenze. Und jeder Einzelne von uns hat uneingeschränkt Zugang.

Die Musen verfügen über einen grenzenlosen Vorrat an Songs, Filmen, Büchern, Erfindungen und jeder Menge anderer fantastischer Dinge, für die ich keine Namen habe, da sie bis dato noch nicht manifestiert wurden. In jedem Moment versuchen die Musen, Leute wie uns anzuwerben, damit wir ihre Projekte ins Leben rufen.

Um Ihr gottgegebenes kreatives Kapital anzuzapfen, fangen Sie einfach an, sich mit dem zu beschäftigen, was Ihnen am meisten Freude macht. Das, was Sie tun würden, wenn Sie das Wort *Geld* noch nie gehört hätten. Sie werden erkennen, was es ist, wenn Ihr ganzer Körper vor Begeisterung und Wonne bebt.

»Aber, ich meine… wer wird mich bezahlen, wenn ich mein Buch schreibe, meinen Titelsong komponiere?«

Darauf habe ich nur eine Antwort. Wer bezahlt Sie, um sich bei Netflix ins Koma zu glotzen? Wer schickt Ihnen einen Scheck für die zahllosen Stunden, die Sie auf Facebook unterwegs sind?

Wir alle haben die Möglichkeit, auf dem Fundament unserer Vorstellungskraft Imperien zu errichten. In diesem Kapitel werden wir uns wahre Beispiele kreativer Menschen anschauen, die aus ihren verrückten Plänen, ihren beharrlichen Träumen Gold gemacht haben.

Kreatives Kapital zu generieren ist eine gottgewollte Aufgabe. Wir alle sind dazu aufgerufen.

WOCHE 32

Die Macht des lila Buntstifts

»Wie ein getreues Tier wird sich die Imagination melden, wenn sie weiß, dass die Tür offen ist.«

– CAROL LLOYD, Gründerin des San Francisco's Writing Parlor

Meinen liebsten Ratgeber werden Sie nie in der Selbsthilfe-Abteilung Ihres Buchladens finden. Er wurde lange vor der Erfindung des Begriffes »Selbsthilfe« geschrieben.

Es handelt sich um ein Kinderbuch mit dem Titel *Harold und die Zauberkreide,* und es sagt mehr über die Möglichkeiten des Menschseins, als jeder positiv denkende Norman Vincent Pearle sich je einfallen lassen könnte.

Geschrieben 1955 von Crocket Johnson, erzählt dieses 65-seitige Meisterwerk die Geschichte eines kleinen Jungen namens Harold, der eines Abends beschloss, einen Spaziergang zu machen. Da der Mond nicht zu sehen ist (und natürlich weiß jeder, dass zu einem guten Spaziergang Mondlicht gehört), nimmt Harold einfach seine lila Kreide und zeichnet den Mond. Außerdem braucht er einen Fußweg (den er zeichnet), der zu einem Wald führt (er zeichnet nur einen Baum, weil er sich nicht verlaufen will), der sich als Apfelbaum herausstellt (oder zumindest so aussieht, nachdem Harolds lila Kreide sich seiner bemächtigt). Leider sind die Äpfel noch nicht reif, also malt Harold noch einen furchterregenden Drachen dazu, der den Baum beschützt.

Als Harold auf seinem Weg ins Meer stürzt, gelingt es Harold, seine fünf Sinne und die lila Kreide zusammenzunehmen, ein Boot zu zeichnen und mit vollen Segeln Richtung Strand zu fahren, wo er ein Picknick mit neun verschiedenen Arten von Torten malt.

Das ganze Buch handelt von Harolds gewagten Abenteuern, bei denen er einen Berg erklimmt, in einem Heißluftballon durch die Lüfte schwebt und eine Stadt bereist, allesamt von seiner treu ergebenen lila Kreide erschaffen.

Es ist ein überaus beeindruckendes, köstliches Buch, weil es eine wichtige spirituelle Wahrheit illustriert: Wir sind die Autoren und Schöpfer unseres eigenen Lebens. Wir zeichnen jedes Detail – sogar die Drachen und die Meere, in die wir »zufällig« stürzen.

Harold hätte spazieren gehen können, nur um festzustellen, dass der Mond nicht zu sehen war, und sich hinsetzen und schmollen können. Ist es nicht das, was wir meistens in einer solchen Situation tun? »Mist, kein Mond! Ich sollte besser mal meinen Therapeuten anrufen oder gleich auf ein paar Kissen eindreschen.« Er hätte seinen Mond zeichnen, das Bild mit El Greco vergleichen und entnervt sagen können: »Ich bin ein hoffnungsloser Spinner. Ich und ein Künstler? Der Zug ist abgefahren!«

Stattdessen nahm er seine lila Kreide und zeichnete jedes Ereignis, jede Antwort, jeden Freund, den er brauchte. Wir alle haben diese Fähigkeit. Wir können die Chinesische Mauer erklimmen, im Savoy dinieren, mit dem Gleitsegler die pazifische Küste entlang fliegen und trotzdem für den 10-Uhr-Termin in unserem Büro zurück sein.

Harold war noch ein Kind. Er hatte seine Vorstellungskraft noch nicht verloren, seinen Sinn für das Wunderbare und Ehrfurchtgebietende. Noch niemand hatte ihm erklärt, dass er nicht alles haben konnte, was er wollte. Solange er seine lila Kreide hatte, war das Universum sein uneingeschränktes Spielfeld.

Auch in unserer heutigen Welt könnten wir mit Malkreide und Kreativität alle Grenzen sprengen. Doch wie viele Erwachsene kennen Sie, die Malkreide benutzen?

Erinnern Sie sich noch an die große Packung Wachsmalstifte – alles von Aprikose über Fuchsia bis zu Waldesgrün? Mit der kleinen Schachtel konnten Sie alles haben, was Ihr junges Herz begehrte – marineblaue Karussells mit pfirsichfarbenen tänzelnden Ponys, violette Schlösser mit gelbgrünen Zugbrücken, und lila Gras, auch wenn Ihr Lehrer vielleicht die Stirn gerunzelt hätte angesichts dieser Dinge. Nach dem Motto: »Gras ist grün, schon vergessen?«

Doch mit jedem Schuljahr wurden die Wachsmalstifte weniger. Und als wir vom Gymnasium auf die Universität wechselten, wedelten wir nur noch mit einem blauen Kugelschreiber.

Diese Woche wollen wir rausgehen und uns ein paar Buntstifte besorgen. Wir werden unsere eigene Welt kreieren, so wie wir sie gerne hätten. Und sollten wir ins Meer abrutschen oder einem Drachen begegnen, werden wir uns einfach ein Rettungsboot zeichnen und auf den Strand zusteuern, wo mindestens eine Art von Torte auf uns wartet.

Los geht's!

SCHREIBEN SIE EIN MEMOIR ÜBER IHR ERSTES RENDEZVOUS.

»Kreieren Sie Ihre eigenen Kunstwerke. Selbst wenn es nur ein kurzes Theaterstück mit Freunden oder ein Video ist, das Sie auf YouTube stellen. Es hilft Ihnen herauszufinden, was Sie gut können. Und es gibt Ihnen von einem Moment zum anderen eine Gemeinde, Leute, die sich für Ihr Werk interessieren. Sie gewinnen mehr, als Sie investieren.«

– Greta Gerwig, Schauspielerin

Machen Sie erst gar nicht den Versuch, so zu tun, als könnten Sie sich nicht an Ihr erstes Rendezvous erinnern. Es gibt nur wenige Dinge, die stärkere Emotionen auslösen. Was hatten Sie an? Wohin sind Sie gegangen? Was war Ihre größte Angst? Sind Sie je wieder mit ihm oder ihr ausgegangen?

Zumba für die Seele

- ✶ Nehmen Sie einen Kartentisch und veranstalten Sie ein Gin-Rommé-Turnier.
- ✶ Holen Sie etwas aus Ihrer Vorratskammer und zeichnen Sie es.
- ✶ Essen Sie etwas, das Sie noch nie probiert haben.

Sie sind in guter Gesellschaft

Steve Winwood, vom *Rolling Stone* als einer der 100 besten Sänger aller Zeiten geehrt, wurde mangels Talent aus dem Birmingham and Midland Institute of Music rausgeworfen.

WOCHE 33

Ohne Glauben geht's nicht

»Wenn dein Herz dich hin zu Geheimnissen und Wundern zieht, vertraue und folge deinem Gefühl.«

– David Wilcox, Songwriter

Im Januar 1959 lieh sich ein 30-Jähriger aus Detroit, der in der achten Klasse von der Highschool geflogen war, 800 Dollar von seiner Familie, um ein Haus zu kaufen, kein ungewöhnlicher Wunsch für einen Mann seines Alters. Er würde das bescheidene zweigeschossige Haus als Sitz seiner neu zu gründenden Schallplattenfirma benutzen.

Der Mann ist natürlich Berry Gordy, die Plattenfirma Motown, und der Plan – um es bescheiden auszudrücken – funktionierte. Zwischen 1959 und 1972 brachte Gordys Motown Studio 535 Singles heraus, 75 Prozent davon landeten in den Pop-Charts. Von einem Aufnahmestudio, das kaum größer war als ein französisches Doppelbett, produzierte Gordy 60 Nummer-1-Hits, bevor er nach Hollywood ging und Motown für 61 Millionen Dollar an MCA Records verkaufte.

Ich erzähle Ihnen diese Geschichte, weil sie die gewaltigen Resultate zeigt, wenn wir uns höheren Möglichkeiten öffnen. Berry Gordy hätte sich leicht mit weniger zufrieden geben

können. Er war ein Schwarzer zu einer Zeit, als »black« noch nicht »beautiful« war. Er verließ die Schule nach der achten Klasse, hatte bereits eine beginnende Boxerkarriere vermasselt und konnte weder ein Instrument spielen noch Noten lesen.
Doch er hatte einen Traum. Er wollte Songs schreiben. Und wenn niemand anderes sie produzieren würde, würde er es eben selbst tun.
Einen Traum einzufangen und realisieren zu wollen, ist für jeden von uns der Moment, wenn alles anfängt. Als würde jemand an die Tür zu unserem Herzen klopfen. Wir beginnen uns zu fragen, ob wir »unter Umständen vielleicht fähig sind«, einen Song zu schreiben, einen Tanz zu choreografieren, uns in eine neue Art des Seins stürzen zu können. Wir werden bereit zu sagen: »Es *ist* möglich.«
Doch nicht einmal Gordy hätte wissen können, dass er, als er den 19-jährigen Smokey Robinson und sein Highschool-Quartett, The Matadors (die später The Miracles wurden), unter Vertrag nahm, einem der größten musikalischen Phänomene unserer Zeit den Weg ebnete.
Wenn wir zum ersten Mal beginnen, auf unsere Träume zu hören, wissen wir nicht immer, wohin sie uns führen werden. Eine gute Nachricht! Wenn wir das endgültige Resultat sehen könnten, würde uns das unter Umständen abschrecken, wir würden auf die Bremse treten und denken: »Oh oh, unmöglich, das ist eine Nummer zu groß für mich.« Zum Glück müssen wir zunächst nichts anderes tun, als diesen ersten Schritt zu machen, den ersten Zeh vorsichtig aus der Tür zu strecken.
Der andere Aspekt, den das Motown-Phänomen deutlich macht, ist der große Reichtum an Talent, das so oft unentdeckt bleibt. Wäre Berry Gordy zufrieden gewesen, in einer Detroiter Autofabrik Radmuttern zu schrauben – einer seiner vielen Jobs, bevor er Motown gründete –, hätte er nie Diana Ross,

Stevie Wonder und Hunderte andere arme schwarze Kids aus dem Ghetto gepflückt. Es scheint unvorstellbar, dass Superstars ihrer Größe einen anderen Weg hätten nehmen können. Doch wenn Diana Ross keine Vision gehabt hätte, ist es durchaus vorstellbar, dass sie nur eine weitere Bettlerin am Times Square geworden wäre. Stevie Wonder, ein weiterer blinder Jugendlicher angewiesen auf Sozialhilfe. Dem Himmel sei Dank hatten sie die Gelegenheit, dem kreativen Geist in ihrem Inneren zu folgen.

Wenn Gordy das Haus Nr. 2648, West Grand Boulevard nicht in eine »angesagte« Adresse verwandelt hätte, wären »I heard it through the Grapevine«, »Ain't no mountain high enough«, »I'll be there« und Tausende anderer fantastischer Songs nie geschrieben worden.

Ich zumindest hätte eine völlig andere Jugend gehabt. Hätte es den Hit »(Reach out) I'll be there« von den Four Tops nicht gegeben, hätte ich auf der Party bei Jim Rinklemeyer nie mit Andy Gilmore getanzt. Ich hätte nie gewusst, dass er Brut-Rasierwasser liebte, oder dass er wie Mottenkugeln roch, eine Entdeckung, die ohne Zweifel auf das Tweed-Jackett zurückzuführen war, das er aus dem Schrank seines älteren Bruders geklaut hatte. Und ich hätte nie gewusst, wie es sich anfühlte, 13 und hoffnungslos verknallt zu sein. Leider fehlte mir der Mut, jemals wieder mit ihm zu sprechen.

Wie vielen von uns fehlt der Mut, den kreativen Geist in unserem Herzen zu erforschen? Wie viele von uns sind auf spirituelle »Sozialhilfe« angewiesen, weil wir die Vision nicht eingefangen haben? Die gleiche Art von Talent, die Gordy in seinen Schützlingen zum Vorschein brachte, liegt verborgen in den Seelen der Menschen, die jeden Tag an uns vorbeigehen. Verborgen, weil niemand sich die Mühe machte hinzuschauen, niemand es für nötig erachtete zu sagen: »Hi, sieh mal, was du alles kannst.« Es liegt verborgen hinter dem Gefühl von Wert-

losigkeit, hinter »Masken«, die wir aufsetzen, um einen »guten Eindruck« zu machen.
Jeder Einzelne von uns trägt denselben kreativen Geist in sich. Aber halt, wahrscheinlich denken Sie, dass Detroit etwas anderes war. Die Liste der dortigen Superstars ist schier endlos – The Temptations, The Four Tops, The Vandellas, The Supremes. Aber wissen Sie was? Gordy hätte ebenso gut seine Plattenfirma in Cleveland oder Chicago oder Omaha, Nebraska, gründen können und wäre genauso erfolgreich gewesen. Überall gibt es Temptations, Tops, Vandellas. Menschen, die genauso talentiert, genauso musikalisch sind. Das Einzige, was sie nicht haben, ist Gordys Vision.
Damit soll das ungeheure Talent, das zu der damaligen Zeit in Detroit existierte, nicht geleugnet werden. Doch das Ganze passierte nur, weil ein Mann bereit war, sich der kreativen Herausforderung zu stellen, zu sagen: »Ich glaube daran.«

Los geht's!

WIE WÄR'S MIT CARPOOL-KARAOKE?

»Die feinen Künste sind wunderbar gut zu denen, die sie ausüben.«

– Kurt Vonnegut, Autor

Falls Sie James Cordons Online-Phänomen – Carpool-Karaoke, bei dem er und ein Musik-Superstar im Auto durch LA fahren und aus vollem Hals die größten Hits des Stars schmettern – noch nie gesehen haben, kann das nur heißen, dass Sie ein Facebook-Vermeider sind.

Zunächst mal möchte ich ihm zu seiner Idee gratulieren, gefolgt von: »Irgendwie hat es etwas ansteckend Fröhliches, berühmte Leute zu sehen, die ihre eigenen Songs in einer banalen Situation singen, ohne dass ihre Armee von Assistenten sie schminken, anweisen und eventuelle Unebenheiten ausbügeln.«

Carpool-Karaoke ist lächerlich einfach: Da sind Cordon, eine feststehende Kamera und Stars wie Justin Bieber, Adele, Stevie Wonder und sogar Michelle Obama als Beifahrer. Sie singen und plaudern offen über alles Mögliche, während sie sich durch Verkehrsstaus und Drive-Through-Restaurants lavieren. In einer Episode gab Jennifer Hudson Cordons Burger-Bestellung singend durch.

Also werden Sie sich diese Woche einen Freund oder Freundin schnappen, Ihr Smartphone einschalten und Ihr eigenes Carpool-Karaoke drehen. Auf Facebook posten oder nicht? Sie haben die Wahl.

Zumba für die Seele

- Kreieren Sie eine neue Tortenart.
- Lassen Sie sich eine neue Verfassungsänderung einfallen.
- Entwerfen Sie ein Baumhaus.

Sie sind in guter Gesellschaft

1954 wurde Elvis Presley nach der ersten Vorstellung von der Grand Ole Opry in Nashville gefeuert. Manager Jimmy Denny informierte Elvis: »Du wirst es nie zu etwas bringen, Kleiner. Du solltest besser wieder Lastwagen fahren.«

WOCHE 34

Den Brotkrumen folgen

»Wenn ein Mensch sich vornimmt, etwas Neues zu gestalten, erschafft er einen neuen Himmel, ein neues Firmament, eine neue Quelle der Energie.«

– THEOPHRASTUS VON HOHENHEIM, genannt PARACELSUS, Arzt, Philosoph und Astrologe

Nach letzter Zählung hat sich der 2002 erschienene Roman *Die Bienenhüterin* sechs Millionen Mal verkauft, wurde in 35 Sprachen übersetzt und schließlich verfilmt, mit Queen Latifah, Alicia Keys und Dakota Fanning in den Hauptrollen. Doch wäre er nie geschrieben worden, wenn nicht seine Autorin, Sue Monk Kidd, die Kühnheit und den Leichtsinn besessen hätte, um das zu bitten, was sie sich erträumte, und den Brotkrumen gefolgt wäre, die sie zu ihrem kreativen Kapital führten.

1993, bei einer Konferenz in Palianis auf der griechischen Insel Kreta, verneigte sich Kidd vor einer dunkelhäutigen Statue der Jungfrau Maria. Demütig bat sie um den Mut, Romanautorin zu werden. Sie wusste seit jeher, dass sie schreiben wollte, auch wenn ihre Angst, dass es sich um ein brotloses Unterfangen handeln könnte, sie veranlasst hatte, eine Ausbildung zur Krankenschwester zu machen, einen Beruf, den sie bis zu ihrem 29. Lebensjahr ausübte. Bis zu dem Tag, als sie es wagte, mit lauter Stimme der Ikone, die von einem knorrigen

Ast hing, ihren Traum anzuvertrauen, schrieb sie hauptsächlich inspirierende Geschichten, meistens auf Basis von Ereignissen aus ihrem Leben mit ihrem Mann Sandy und den beiden Kindern.

Sie kam zurück aus Griechenland und schrieb ein erstes Kapitel über ein Mädchen, dessen Schlafzimmer voller Bienen war. Sie nahm das Kapitel mit auf ein Autoren-Seminar, wo der Seminarleiter es mit »interessant, doch kaum Potenzial« abtat. Obwohl sie sich getrieben fühlte, ein Buch zu schreiben, machte sie aus dem Kapitel eine Kurzgeschichte und vergaß sie sofort wieder. Allerdings nicht wirklich.

Sechs Jahre lang ging die Geschichte ihr immer wieder mal durch den Kopf. Sechs Jahre und ein paar Sachbücher später war sie erneut in Griechenland, dieses Mal auf einer Highschool-Abschlussfahrt mit ihrer Tochter Ann. Mittlerweile stand sie kurz vor den Wechseljahren, doch ihr unerfüllter Traum, Romane zu schreiben, ließ ihr nach wie vor keine Ruhe und versuchte hartnäckig, seine Präsenz spürbar zu machen.

In Ephesus, in einem Olivenhain vor dem kleinen Haus, in dem der Legende nach einst Maria lebte, beschloss sie, erneut um Hilfe zu bitten.

Wie sie sich in ihren Memoiren *Granatapfeljahre: Vom Glück, unterwegs zu sein* fragte: »Wenn wir Gebete ins Universum schicken, werden sie gehört? Können sie irgendetwas ändern? Oder sind unsere Bittgesuche eine Form von Wunschdenken?«

Es war lange her, seit sie eine konkrete Bitte geäußert hatte, doch sie fragte erneut nach dem Roman. Sie wollte Führung, ein klares Zeichen.

Kaum hatte sie die kleine Kapelle verlassen, um den Spaziergang mit ihrer Tochter fortzusetzen, als eine Biene auf ihrer linken Schulter landete. Reflexartig wollte Ann sie gerade wegscheuchen, aber Sue streckte ihre Hand aus und schüttelte den

Kopf, so als wollte sie sagen: »Nein! Es ist eine Biene. Eine *Biene!*«

Sie gingen den Hügel hinunter zu der Quelle mit Weihwasser. Die Biene flog nicht weg, sondern blieb sogar noch auf der Rückfahrt im Bus auf Sues Schulter sitzen.

»Was ist bloß mit dieser Biene los?«, fragte ihre Tochter, echt beeindruckt. »Sieht aus, als hätte sie dich adoptiert.«

»Sie sagt mir, dass ich zurück nach Hause gehen und den Roman zu Ende schreiben soll, den ich vor sechs Jahren angefangen habe«, erwiderte Sue.

Los geht's!

FINDEN SIE EINEN TITEL
FÜR IHR DEBÜTALBUM.

»Sogar Gott kann kein parkendes Auto steuern.«

– Mary Omwake, Unity-Church-Pfarrerin

Hey, ich habe nicht gesagt, Sie müssten die Songs schreiben. Alles, was Sie tun müssen, ist, sich einen cleveren (oder vielleicht ist Ihnen bedeutungsvollen lieber?) Titel für Ihr Debütalbum einfallen zu lassen, auf dem unweigerlich Ihr Foto abgebildet ist, wie Sie den Strand entlang hüpfen oder Luftgitarre spielen.

Zumba für die Seele

- ✶ Erfinden Sie eine neue Pizza-Variante.
- ✶ Kaufen Sie eine CD, die es nicht in die Pop-Charts geschafft hat.
- ✶ Gönnen Sie sich ein Frühstücks-Picknick im Park.

Sie sind in guter Gesellschaft

Der *New Yorker*-Kolumnist Calvin Trillin bezeichnet seine ersten Entwürfe, wo er alles schreibt, was ihm in den Sinn kommt, als »Auskotzen«. Oft fürchtet er, jemand könnte diese Ergüsse sehen, bevor er dazu kommt, alles »sauber zu machen«.

WOCHE 35

Oh, was einem so alles einfallen kann!

»Die Aufgabe des Künstlers ist nicht, Lösungen zu finden, sondern uns zu nötigen, das Leben in all seinen zahllosen, unerschöpflichen Manifestationen zu lieben.«

– Lew Tolstoi, Schriftsteller

Dr. Seuss hat 47 Bücher geschrieben, drei Oscars gewonnen und den renommierten Pulitzer-Preis eingeheimst.

Doch bis zu seinem Tod im Alter von 87 Jahren bestand er darauf, dass sein unglaublicher Erfolg »in erster Linie Glück« war. Sein erstes Kinderbuch *And to Think that I Saw It on Mulberry Street* wurde von 27 Verlagen abgelehnt. Sie dachten, es sei »zu anders« und hätte »keine Moral oder Botschaft« zu bieten.

Mit 32 Jahren beschied Ted Geisel (Dr. Seuss war sein Künstlername, den er sich im College ausgedacht hatte), dass sein Bestreben, ein Buch zu veröffentlichen, sinnlos war. Er marschierte aus dem Büro des 27. Verlegers mit der festen Überzeugung, dass das einzig Sinnvolle darin bestand, nach Hause zu gehen und das Manuskript, an dem er so lange gearbeitet hatte, in einer feierlichen Zeremonie zu verbrennen. So viel zum Thema kreatives Kapital.

Als er finster, mit gesenktem Kopf, die Madison Avenue hinunterging, wurde er von einem alten Freund aus Collegetagen angehalten.
»Hey, was hast du da unter dem Arm?«, fragte Mike McClintock, der Freund, der in Dartmouth eine Klasse unter ihm gewesen war.
Niedergeschlagen antwortete Geisel, es sei »nichts, nur ein Buch das er zu Hause verbrennen wollte«.
McClintock, der drei Stunden früher den Job als Lektor für Jugendbücher bei Vanguard Press ergattert hatte, sagte: »Hey, ein paar Meter weiter ist mein Büro. Komm mit rauf, wir schauen uns das Ganze noch mal an.«
»Wäre ich auf der anderen Straßenseite gegangen, würde ich heute meine Brötchen in einer chemischen Reinigung verdienen«, sagte Geisel später.
War es Glück? Ich ziehe vor zu denken, dass Geisels zufällige Begegnung mit einem alten Freund aus dem College ein fast perfektes Beispiel von Louis Pasteurs berühmtem Credo ist: »Der Zufall begünstigt den vorbereiteten Geist«.
Geisel hatte zeit seines Lebens kreatives Kapital erzeugt. Seit Kindertagen liebte er es zu zeichnen, malte Kühe mit Engelsflügeln oder Hunde, die Drahtseilakte vollführten, auf die Ränder seiner Schulhefte.
Er nannte es Zufall, Glück. Ich nenne es einen hinreißenden Beweis dafür, dass ein ganzer Chor von Engeln und ein begnadetes Orchester bereit sind, herbeizueilen und Sie zu begleiten, wenn Sie sich verpflichten, für Ihre Kunst da zu sein.
Geisel alias Dr. Seuss hat mal gesagt, der beste Rat, den er geben könne, laute: »Schreib jeden Tag einen Absatz, nicht um ihn an Verlage zu schicken, sondern für den Papierkorb.«
Außerdem beriet er junge Künstler und empfahl ihnen, »mindestens ein Bild im Monat zu malen, einfach aus Spaß an der Sache«.

Mit anderen Worten: Üben, üben, üben und nochmals üben. Sie müssen es jeden Tag tun. Nicht unbedingt stundenlang, aber ein wenig jeden Tag, ohne Ausnahme. Schreiben Sie ein Haiku (wie schwer können 17 Silben schon sein?), oder lassen Sie sich einen Jingle für ein Produkt einfallen, das Sie benutzen. Oder zeichnen Sie eine neue Kopfbedeckung für Dr. Seuss' Kater mit Hut.

Los geht's!

DIE KRITZEL-TAGEBÜCHER

»Hoffnung und Kreativität
sind zwei der wichtigsten Dinge im Leben.«

– Emma Stone, Schauspielerin

Suchen Sie sich eins aus. Oder besser, zeichnen Sie alle elf:

1. Bud Spencer
2. Eine Giraffe (auf einem laaangen Blatt Papier)
3. Eine Kaffeetasse
4. Einen Alien
5. Batman
6. Einen Mund
7. Einen Panda
8. Eine Eule
9. Ihr Schlafzimmer
10. Ihr erstes Haustier
11. Den neuen Hut!

Stift parat? Auf die Plätze, fertig, los!

Zumba für die Seele

- Inszenieren Sie eine Kostümparty.
- Feiern Sie den Vollmond.
- Zeichnen Sie Ihre gute Fee.

Sie sind in guter Gesellschaft

Rudyard Kipling, Autor von *Das Dschungelbuch*, wurde 1889 als Mitarbeiter des *San Francisco Chronicle* gefeuert. Sein Chefredakteur sagte: »Tut mir leid, Mr. Kipling, aber Sie beherrschen die englische Sprache nicht in angemessener Weise.«

WOCHE 36

Lieblingssteine, Muttern und Klebeband

»Alles, was du bist und tust und sagst und siehst, ist erfüllt von Gott: die Bäume, der Asphalt, die Menschen, die sich im Drogeriemarkt wegen Trockenshampoo in die Haare kriegen. Hört sich vielleicht albern an, aber Albernheit ist genauso wichtig wie Liebe oder Drama.«

– Donald Roller Wilson, Künstler

Als ich 23 war, warf eine Wahrsagerin in Jamaika einen Blick auf meine linke Handfläche und erklärte, mein größtes Problem wäre zu entscheiden, welche meiner vielen Interessen ich verfolgen sollte. Zum damaligen Zeitpunkt entwarf ich Mode (Dinge wie zu eng sitzende Overalls mit Kugeln und Gummibällchen als Reißverschlusslaschen), spielte Rugby, schrieb Artikel und versuchte, mich als Veranstalterin von Abschlussfeiern zu behaupten.

Auch heute versuche ich mich immer wieder in den verschiedensten Bereichen. Ich habe ein Kinderbuch geschrieben, ein Drehbuch, mehrere Romane und Hunderte von Magazinartikeln über alles Mögliche, von Bungee-Jumping in Neuseeland bis zu Teppichkaufen in Marokko. Mit anderen Worten, es ist schwer, mich festzunageln.

Wenn Sie Schwierigkeiten haben, das künstlerische Genre zu bestimmen, das Ihnen am meisten zusagt, liegt das unter Umständen daran, dass Ihr »Genre« noch nicht erfunden wurde. Vielleicht sollten Sie in Erwägung ziehen, sich Ihr eigenes auszudenken.

Ganze Karrieren sind aus solchen Erfindungen hervorgegangen. Kim Abels zum Beispiel, Künstlerin aus Los Angeles, macht aus Rauch Kunst. Sie schneidet detaillierte Schablonen aus und legt sie draußen neben Plexiglas, auf dem sich in kurzer Zeit mikroskopische Partikel von Autoabgasen und industriellen Asche-Emissionen ansammeln. Auf diese Weise hat sie aus Smog alles Mögliche ausgeschnitten, von braunen Tischen komplett mit einem Dinner für Zwei bis zu einer Serie von Tellern mit den Abbildern amerikanischer Präsidenten. Woodrow Wilson, der in seiner Antrittsrede die Idee einer »verantwortlichen Industrie« betonte, musste nur vier Tage draußen im Smog liegen. Bei George Bush hingegen waren es 40 Tage.

Chris Wink, Mitbegründer der *Blue Man Group*, sagte, dass ihm – obwohl er sich zu den feinen Künsten hingezogen fühlte – das Talent zum Malen fehlte. »Die Menschen sagen, man solle seinem Glück folgen, was wundervoll ist, wenn Ihr Glück in eine fest umrissene Kategorie passt, zum Beispiel, ›Ich möchte ein Evolutionsbiologe sein‹. Ich konnte meinem Glück nicht folgen, weil ich mehr als eins hatte.«

Als Performancekünstler malt er sich u.a. blau an, trommelt, kommentiert die zeitgenössische Kultur und fängt mit dem Mund Marshmallows auf.

»An einem bestimmten Punkt verwies ich mein Gehirn auf den Beifahrersitz und hörte auf meinen Bauch: ›Finde eine Möglichkeit, alle deine Segnungen zu kombinieren, und wen interessiert es schon, ob du Kellner bist oder was auch immer.‹ Ich musste meine Unreife und Unsicherheiten loswerden. Wichtig war, dass ich mein eigenes Selbst entwickelte«, sagt er.

Der Autor Ted L. Nancy kreierte ein völlig neues Schreibgenre, indem er hinreißend bekloppte Briefe an diverse Unternehmen schickte. Mit Unterstützung des amerikanischen Komikers Jerry Seinfeld, der die Briefe zunächst seinem Agenten zukommen ließ, wurden Nancys Briefe in dem Buch *Letters from a Nut* gesammelt, das ein Riesenerfolg wurde.

Mr. Nancy schrieb einen Brief an die Firma Coca Cola und wollte wissen, ob sein Getränk, Kiet Doke, mit ihrem Getränk in Konflikt stand; an das Baseball-Team der San Diego Padres mit der Frage, ob er eins ihrer Spiele besuchen kann mit einer Duschhaube auf dem Kopf (da sein Gesundheitszustand es erforderte, dass sein Kopf ständig von einer Vinyl-Hülle eingehüllt sein musste); und an ein Casino in Las Vegas, ob sie Interesse hätten, einen 300 Kilo schweren George-Harrison-Doppelgänger mit seiner Band »The Fat Beatles« zu buchen. »Tubby Paul, 250 Kilo, ist der süße Fat Beatle«, fügte er hinzu.

Seinfeld fragt in seiner Einführung zum zweiten *Nuts*-Buch ironisch: »Anstatt sich von diesen idiotischen Schreiben ablenken zu lassen, sollten die Leute nicht lieber ihre Arbeit machen und zum Wachstum unserer Nation beitragen?«

Mit anderen Worten, ist diese ganze Blödelei nichts als reine Zeitverschwendung?

Ich glaube nicht. Tatsächlich würde ich so weit gehen zu sagen, wir brauchen mehr Albernheit in unserem Leben, mehr Bereitschaft, wie ein exzentrischer Spinner daherzukommen.

(Das englische Wort für albern – »silly« – beruht auf dem mittelenglischen »sillig«, was so viel bedeutet wie »Segen«.)

Wenn wir alle bereit wären, jeden Tag drei alberne Dinge zu tun – zum Beispiel die Klopapierrolle an den Füßen hinter uns herzuschleifen oder auf verstopften Autobahnen zu brüllen (Dinge, die der Humorberater C.W. Metcalf tat, um seine moribunde Ernsthaftigkeit zu überwinden), würden wir uns zweifellos größeren Segens erfreuen.

Wir wären freier, neue Wege einzuschlagen, um neue Abenteuer zu finden. Als kreative Wesen sind wir nicht hier, um das zu tun, was bereits getan wurde.
Vielleicht sollten wir alle uns ein bisschen lockerer machen, wenn wir unseren Träumen folgen.

Los geht's!

SCHREIBEN SIE DIE TITEL
FÜR FÜNF COUNTRY- UND WESTERN-SONGS.

*»Teil des Schreibprozesses ist nicht so sehr,
Ihre Vision zu erklären, sondern sie zu entdecken …
Sie finden heraus, was Sie denken.«*

– Robert Towne, Drehbuchautor

Diese Woche werden Sie sich als Country- und Western-Songschreiber outen. Es spielt keine Rolle, ob Sie schon jemals einen Song geschrieben haben oder nicht. Sie dürfen einen richtig schlechten Country-Western-Song komponieren. Oder vielleicht einen richtig guten. Zuweilen, wenn wir uns selbst die Erlaubnis geben, etwas »eher schlecht« als gut zu machen, ist das Resultat brillant.

Ihre Aufgabe ist es, sich entweder einen Song oder wenigstens fünf Country- und Western-Songtitel einfallen zu lassen. Vergessen Sie nicht: Diese Songs sind oft lustig und haben in der Regel mit Herzschmerz, Mamas und Lastwagen zu tun.

Ich habe vor Jahren mal mit einem berühmten Songschreiber in den Sony Studios in Nashville einen C&W-Song geschrieben. Wir nannten unser Meisterwerk: »Our baby's ugly and it's not my fault« *(»Unser Baby ist hässlich, und ich kann nichts dafür.«)*

Zumba für die Seele

- Kleiden Sie sich wie Ihre bevorzugte Filmfigur.
- Besuchen Sie einen Kurs als Gasthörer.
- Schreiben Sie einen Brief an Gott – und schicken Sie ihn ab.

Sie sind in guter Gesellschaft

Kurt Vonnegut, Autor von 13 amerikanischen Klassikern, hat mal gesagt: »Wenn ich schreibe, fühle ich mich wie ein Mann ohne Arme, ohne Beine, mit einem Kreidestift im Mund.«

WOCHE 37
Kreative Komplizen

»Ich bin mein eigenes Experiment.
Ich bin mein eigenes Kunstwerk.«

– MADONNA, Sängerin/Songschreiberin

Als jemand Sting eine alte, verstimmte Gitarre mit rostigen Saiten gab, fühlte er sich, als hätte man ihm einen Freund fürs Leben geschenkt, einen Komplizen, der ihm helfen würde, aus Wallsend, England, rauszukommen, wo er auf die Welt gekommen war.

Im Alter von acht Jahren hatte er bereits beschlossen, nicht wie die meisten Männer in Wallsend Schiffsbauer zu werden, die jeden Morgen auf dem Weg zur Werft an seinem Haus vorbeikamen. Es war ein schweres Leben, spürte er – laut und gefährlich, unter gesundheitsschädlichen Arbeitsbedingungen.

Sein Vater war zwar Milchmann, doch sein Großvater hatte als Schiffszimmermann gearbeitet, und als Kind fragte Sting sich besorgt, ob das vielleicht auch sein Schicksal sein würde. Es gab nicht viele andere Jobs in seiner Heimatstadt an der Nordostküste Englands.

»Doch als mir diese abgenutzte alte Gitarre in die Hand gedrückt wurde, merkte ich schnell, dass ich einen Komplizen gefunden hatte, um mir zu helfen, aus dieser Industrielandschaft zu fliehen«, sagte er.

»Ich träumte davon, diese Stadt zu verlassen, so wie die Schiffe, die nach ihrer Jungfernfahrt nie mehr zurückkamen. Ich wollte Songs schreiben und diese Songs vor großem Publikum überall auf der Welt zum Besten geben und fantastische Summen Geld dafür bekommen.«

Der Traum begann an dem Tag Realität zu werden, als die Königinmutter seine Stadt mit einem Besuch beehrte, um eines der Schiffe mit einer knallenden Flasche Champagner auf den Bug zu taufen. Seine Mutter zwang ihn und seine Geschwister, ihren Sonntagsstaat anzuziehen und vor die Tür zu gehen, als die Autokolonne der Königinmutter an ihrem kleinen Haus im Schatten der Werft vorbeirollte.

»Es war noch nicht lange her, dass man der königlichen Familie magische Kräfte zugeschrieben hatte. Die Menschen hielten ihre kranken Kinder hoch in der Hoffnung, den Saum des königlichen Mantels zu berühren und Heilung zu finden«, erinnerte sich Sting. »Zu meiner Zeit war das nicht mehr so, doch die Leute fanden es nach wie vor aufregend, wenn Prinzessin Anne oder einer der Royals kam, um eine Rede zu halten.«

Ich stand also da und wedelte mit meinem kleinen Union Jack – und da, in einem großen, schwarzen Rolls Royce, war die Königinmutter. Sie schien mich bemerkt zu haben. Sie schaute mir in die Augen. Ich lächelte. Sie lächelte. Wir hatten einen privaten ›Moment‹.

Ich wurde von nichts geheilt. Tatsächlich geschah das genaue Gegenteil. Ich war von einer Idee infiziert. Ich erkannte, dass ich nicht in diese Straße, in diese Umgebung gehörte. Ich wollte nicht auf der Werft arbeiten. Ich wollte in diesem Auto sitzen. Ich wollte ein bedeutenderes, schöneres Leben. Ein außergewöhnliches Leben.«

Und so fängt der ganze Zauber an. Wenn wir uns die Zeit nehmen, hinzuhören.

Los geht's!

ÜBERLEGEN SIE SICH FÜNF VERSCHIEDENE SACHEN, DIE SIE MIT EINER PAPPSCHACHTEL ANSTELLEN KÖNNEN.

»Um etwas zu erfinden, benötigen Sie viel Vorstellungskraft und einen Haufen Gerümpel.«

– Thomas A. Edison, amerikanischer Erfinder

Eine große Anzahl der importierten Güter landen in Pappschachteln in unseren Supermärkten und Geschäften. Zum Glück kann die omnipräsente Schachtel zusammengedrückt und recycelt werden. In dieser Woche werden Sie sich jedoch fünf alternative Einsatzmöglichkeiten ausdenken, anstatt sie in den Papiereimer zu stopfen. Denken Sie daran, Sie müssen dabei nichts machen, verwenden Sie einfach Ihren Zauberstab der Imagination. Ich habe Pappschachteln gesehen, die als Webstühle, Labyrinthe, Rapunzels Turm und ein Schattenfigurentheater wiederverwendet worden sind.

Zumba für die Seele

- ✶ Kaufen Sie Tomatenpflanzen für all Ihre Freunde und schicken Sie sie ihnen mit drei beigefügten Rezepten zu.
- ✶ Lernen Sie die Namen aller einheimischen Blumen in Ihrer Umgebung auswendig. Finden Sie mindestens fünf davon.
- ✶ Basteln Sie ein Flugzeug aus leuchtend buntem Papier.

Sie sind in guter Gesellschaft

Sogar der großartige Don Henley, Sänger der Eagles, ist nach seinen unfassbaren 25 Top-40-Hits nicht vor Selbstzweifeln gefeit. Er sagt: »Wer bin ich, dass ich so was tue? Warum verdiene ich es, meine Gefühle und Meinungen auf dieses blanke Stück Vinyl zu bannen, das sich eine Million Menschen anhören werden? Jedes Mal muss ich dieses Gefühl der Unzulänglichkeit überwinden, dieses Gefühl von ›Ich verdiene es nicht‹.«

WOCHE 38

Die kostbare Perle des Misserfolges

»Ich habe immer gesagt, dass ich jemand sein wollte. Ich fürchte, ich hätte etwas spezifischer sein sollen.«

– Lily Tomlin, Schauspielerin und Komikerin

Der Erste Weltkrieg war zu Ende, und Walt Disney, der mit Hilfe einer gefälschten Unterschrift seiner Eltern als Rotkreuzhelfer der Armee beigetreten war, hatte einen Traum. Was spielte es für eine Rolle, dass er erst 18 war, ein Kind, verglichen mit dem Rest des Teams beim *Kansas City Star*?

Sein glühender Ehrgeiz, der Traum, der ihn die langen, ermüdenden Tage durchstehen ließ, an denen er lärmende Offiziere durch Frankreich chauffieren und Militärkrankenhäuser mit Bohnen und Zucker beliefern musste, war der Gedanke an einen Job als Karikaturist bei seiner lokalen Tageszeitung, dem *Kansas City Star*.

Er hatte bereits als Knabe Zeitungen für dieses altehrwürdige Verlagshaus ausgetragen, war jeden Morgen um halb vier aufgestanden, um die Morgenausgabe feinsäuberlich zusammenzurollen und für die begierigen Leser vorzubereiten. Jedes Mal, wenn er in der Morgendämmerung die Seiten durchblätterte

und die Zeichnungen der Karikaturisten bewunderte, dachte er: »Eines Tages werde ich das machen.«
Und jetzt, aus dem Krieg zurück, würde der *Star* sicher begeistert sein, solch ein »vielversprechendes Nachwuchstalent« wie ihn anzuheuern.
Er stellte sein Portfolio zusammen, stürzte in das Büro des Personalchefs und wartete mit gezücktem Federhalter darauf, seinen Arbeitsvertrag zu unterschreiben. Doch anstatt des erwarteten freudigen Ausrufs »Willkommen an Bord!«, sagte der freundliche Herr: »Tut mir leid, wir können Sie nicht brauchen.«
Wenn das keine Niederlage war! Disneys angestrebtes Ziel, alle seine Erwartungen, waren soeben erbarmungslos zunichte gemacht worden. Alles, wofür er gearbeitet hatte, wovon er geträumt hatte, vom Tisch gefegt, aus und vorbei.
Wie hätte er wissen können, dass das Leben etwas Besseres für ihn auf Lager hatte?
Wenn er so gewesen wäre wie die meisten von uns, hätte er sich zurückgezogen, wäre mit eingezogenem Schwanz davongeschlichen. Er hätte auf die Stimme gehört, die uns alle verfolgt und ständig darauf wartet, uns zu verhöhnen: »Siehst du, ich hab' dir doch gesagt, dass du zu nichts taugst.«
Er hätte einige Wochen später erneut auf diese Stimme hören können, als die Pressman-Rubin-Studios, eine Werbeagentur, die ihn als Zeichner für landwirtschaftliche Geräte eingestellt hatte, ihm nach nur einem Monat aufgrund seines »einzigartigen Mangels an Zeichentalent« kündigte.
Sicher, er brauchte eine Weile, um seine Wunden zu lecken, doch mit 21 fing er an, genau dieses »mangelnde Zeichentalent« zu benutzen, um *Laugh-O-Grams* zu kreieren, kleine Zeichentrickfilme über die Bürger von Kansas City, durchsetzt mit Nachrichten, Schlagzeilen, Mitteilungen des öffentlichen Dienstes und Witzen, erzählt von Disneys erster Zeichentrick-

figur, Professor Whosis. Sie erfreuten sich schnell großer Beliebtheit, sodass Disney in der Lage war, weitere Zeichner anzustellen, die in seiner Garage mit ihm zusammenarbeiteten (er bot jedem »kostenlose Zeichentrickstunden« an, der Lust hatte, ins Karikatur-Geschäft einzusteigen).
Disneys Traum wurde langsam immer kühner. Er wollte ein größeres Publikum erreichen, ihm schwebte vor, einen Cartoon zu kreieren, der sich landesweit verkaufen würde. Er zeichnete eine einfache Adaption von »Rotkäppchen«, filmte das Ganze mit seiner handgekurbelten Kamera und überredete den Geschäftsführer der Kinokette, die Laugh-O-Grams im Vorprogramm zeigte, Kopien an New Yorker Verlage zu schicken. Jeder große Verlag lehnte ab. Die einzige kleine Firma, die seine Zeichnungen gut genug fand, um ihm einen Vorschuss von 100 Dollar zu zahlen, ging innerhalb eines Monats pleite.
Obgleich er 500 Dollar für einen kurzen Trickfilm mit dem Titel »Tommy Tucker's Tooth« bekam – von einem ortsansässigen Zahnarzt in Auftrag gegeben – hatten Disneys fünf eben erst eingestellte Karikaturisten gekündigt und *Laugh-O-Grams* in die Insolvenz gestürzt.
Eine weitere Niederlage. Ein weiteres Versagen.
Wenn Sie also das nächste Mal an einen toten Punkt gelangen, wo nichts mehr weiterzugehen scheint, denken Sie an Walt Disney. Erkennen Sie, dass der Grund, warum Ihre Träume nicht wahr werden, unter Umständen darin liegen könnte, dass sie noch nicht groß genug sind.
Vielleicht ist Ihre Vision Ihrer Zeit voraus, und das Spielfeld, auf das Sie sich vorbereiten, ist nicht groß genug, um Ihnen genug Raum zu bieten.
Disney dachte, dass ihm eine Anstellung als Karikaturist beim *Kansas City Star* alles geben würde, was er brauchte.
Wäre dies sein »größter Traum« geblieben, hätte der *Star* einen ziemlich guten Redaktions-Zeichner gehabt, allerdings

jemand, von dem keiner von uns je gehört hätte. Es gäbe weder eine Mickey Mouse noch Disneyland. Und meine Freundin Kitty wäre nie in der Lage gewesen, ihre Donald-Duck-Imitation zum Besten zu geben.

Ich kann nur sagen: Gott sei dank war Walt Disney ein Versager.

Los geht's!

ERSCHAFFEN SIE EINE COMICFIGUR.

»Das Leben ist wie ein Zehngangfahrrad.
Die meisten von uns haben Gänge,
die sie nie benutzen.«

– Charles M. Schulz, Comiczeichner

Der arme Charlie Brown! Sein Drachen bleibt immer in irgendeinem Baum hängen, seine Ratschläge verteilende Freundin Lucy besitzt die Frechheit, fünf Cents pro Beratung zu verlangen, und sein Hund Snoopy bricht ständig Kämpfe mit dem Roten Baron vom Zaun.

Ihre Aufgabe diese Woche ist es, eine imaginäre Figur zu erschaffen. Erwecken Sie ihn oder sie zum Leben. Machen Sie sich vertraut mit all ihren Gewohnheiten, ihren Vorlieben und Abneigungen sowie ihren Ticks und Eigenarten.

Was mag sie zum Frühstück? War sie schon mal verheiratet? Was haben ihre Eltern gemacht? Wie heißt ihr Lieblingssong? Wo arbeitet sie? Wählen Sie einen Namen und fangen Sie einfach an zu schreiben.

Zumba für die Seele

- ✶ Gestalten Sie einen Garten.
- ✶ Basteln Sie eine Pappfigur Ihrer ersten großen Liebe.
- ✶ Führen Sie ein 15-minütiges Gespräch mit Ihrem Körper.

Sie sind in guter Gesellschaft

Richard Bachs 10 000-Wörter-Story über eine »hochfliegende Möwe« wurde 18 Mal abgelehnt, bevor Macmillan sie 1970 endlich veröffentlichte. Bis 1975 wurde sie allein in den USA 7 Millionen Mal verkauft.

WOCHE 39

Mit Karacho und Caramba

»Wir alle stecken hier zusammen auf diesem kleinen Planeten fest.«

– Matt Harding, Reisender und Internet-Star

Matt Harding litt an Orientierungslosigkeit. Außer Videospielen war er nicht sicher, was er mit seinen nächsten 50, 60 Jahren auf der Erde tun wollte. Sein Vater, frustriert vom Ambitionsmangel seines Sohnes, sperrte schließlich das Konto fürs College, was Matt zwang, das Haus zu verlassen und sich der erwerbstätigen Bevölkerung anzuschließen. Das ist es, was verantwortungsbewusste Erwachsene tun, stimmt's? Ihre Seele an das Establishment verkaufen.

Aber Matt hatte keine Lust, den Regeln für verantwortungsbewusste Erwachsene zu folgen. Er war nicht bereit, sich mit dem üblichen Arbeitstrott zufriedenzugeben. Stattdessen wollte er reisen, die Welt sehen, so viele Länder wie möglich kennenlernen.

Die Stimme, die uns in Richtung der seelenbetäubenden Ansammlung gesetzlicher Zahlungsmittel drängt, lachte ihn aus. »Ohne ein dickes Konto oder einen hochbezahlten Job mit jeder Menge Urlaub kannst du das so was von VERGESSEN!«

Doch Matt hörte nicht darauf. Er arbeitete so lange, bis er etwas Geld gespart hatte. Dann kündigte er seinen Job und zog los. Er war unterwegs, bis der »Mangel an Kohle« ihn zurück in eine Bürozelle zwang, während er seine Vision, neue Länder zu besuchen, immer weiter spann. Eines Tages, als er in Hanoi abhing, brachte ein zufälliges Ereignis sein kreatives Kapital zum Erblühen. Matts Kumpel, ausgerüstet mit einer Video-Kamera, trieb ihn an: »Hey, lass doch mal den komischen Tanz sehen, den du immer machst. Ich werd' dich dabei filmen.«

Der komische Tanz, falls Sie nicht das Glück hatten, Matts mittlerweile berühmt-berüchtigtes YouTube-Video zu sehen, ist ein verrückter, armschlenkernder, kniehoher Marschschritt, auf den heranwachsende Knaben bei Highschool-Tänzen stehen. Sein Kumpel machte ein Video, wie er in den Straßen von Hanoi seine Show abzieht. Danach in Tonga. Gefolgt von den Philippinen, Mali und dem Panama-Kanal. Seine Schwester, in dem Versuch, Kontakt mit ihrem reisenden Bruder zu halten, empfahl ihm, eine Website mit YouTube-Videos über ihn und seinen verrückten Tanz zu starten. Wie ein Virus breitete sich »Wo um alles in der Welt ist Matt?« *(»Where the Hell is Matt?«)*, das perfekt benannte Video eines grinsenden Matt, wie er in 60 Ländern herumhüpft, von Computer zu Computer immer weiter aus.

Bevor er wusste, wie ihm geschah, wurde sein Video 12 Millionen Mal angeklickt, und Matt über Nacht zu einer Berühmtheit. Er wurde von der *Washington Post* interviewt, von *Jimmy Kimmel* und *National Geographic.* Visa verpflichtete ihn für eine Fernsehwerbung. Die NASA beamte sein Tanzvideo auf ihre »Astronomy Picture of the Day«-Website. Und was die Bildung kreativen (und materiellen) Kapitals betrifft: Cadbury trat mit dem Vorschlag an ihn heran, ein Video zu ihrer Kaugummimarke für ihre Website zu machen. Die Idee war, dass

Matt andere Menschen überall auf der Welt dazu bringt, mit ihm zu tanzen. Und natürlich würde Cadbury die Kosten dafür übernehmen.

Los geht's!

ENTWERFEN SIE EINE TAROT-KARTE.

»Um zu zeichnen, musst du deine Augen zumachen und singen.«

– Pablo Picasso, spanischer Maler

Achtung bitte, ich habe nicht gesagt »Entwerfen Sie ein Tarot-*Deck*«. Das Projekt besteht darin, nur eine einzige Karte zu gestalten. Karten sind klein – viel einfacher zu machen als, sagen wir, eine Baracke anzumalen. Es ist ein kreatives Projekt, nicht ein Mittel zum Wahrsagen.

Wenn Sie möchten, können Sie Ihre eigene Version einer Ihrer Lieblingskarten kreieren – zum Beispiel die Hohepriesterin, den Einsiedler oder die Fünf der Kelche. Oder Sie können eine neue Figur erfinden. Vielleicht einen Troubadour? Eine Meerjungfrau?

Zumba für die Seele

- Umarmen Sie 14 Menschen.
- Schauen Sie sich Ihren Lieblings-Disney-Zeichentrickfilm an und essen Sie dabei Gummibärchen.
- Zelten Sie in Ihrem Garten.

Sie sind in guter Gesellschaft

Maya Angelou, Autorin von *Ich weiß, warum der gefangene Vogel singt* und diversen anderen Bestsellern, sagt: »Jedes Mal, wenn ich ein Buch schreibe, jedes Mal, wenn ich vor diesem weißen Schreibblock sitze, ist die Herausforderung riesig. Ich habe elf Bücher geschrieben, doch jedes Mal denke ich: ›Oh oh, diesmal werden sie merken, dass ich es gar nicht kann. Ich habe allen was vorgemacht, und jetzt kommt es raus.‹«

WOCHE 40
Ja und …

»Mir fällt keine andere Möglichkeit ein, die Existenz von Kunst zu erklären, es sei denn als Mittel, etwas auszudrücken, das größer ist als wir selbst. Ich bin zu keiner einzigen musikalischen Entscheidung fähig, außer mit dem Ziel, eine Verbindung zu Gott herzustellen.«

– Sofia Gubaidulina, russische Komponistin

Tyler Perry war nicht immer der erfolgreiche Produzent, Regisseur und Schauspieler, der er heute ist. Zwei Narben auf seinem Handgelenk, übrig geblieben von einem Jahre zurückliegenden Selbstmordversuch, sind Zeichen eines früheren »Plans«, den er für sein Leben hatte. Er wurde in New Orleans geboren, als ältestes von vier Kindern eines meist arbeitslosen Schreiners und einer Mutter, die als unterbezahlte Kindergarten-Erzieherin arbeitete. Doch in Armut zu leben war nicht das schlimmste. Perrys Vater, seit seinem zweiten Lebensjahr Waise und ohne ausreichende Schulbildung, hatte nicht unbedingt perfekte elterliche Fähigkeiten entwickelt. Stattdessen hatte Emmit Perry die Tendenz, seinen asthmatischen Sohn zu verprügeln in dem irregeleiteten Versuch, ihn abzuhärten und stark zu machen.

In dem Wunsch, aus seiner unglücklichen Kindheit auszubrechen, verbrachte Tyler viel Zeit mit Tagträumen. Er erfand Fantasiewelten, die das genaue Gegenteil seines eigenen Lebens waren. Er schrieb und illustrierte Geschichten über Kinder, die in großen Villen wohnten, Haustiere besaßen und glücklich waren.

Mit 16 gab Tyler Perry die Schule auf und änderte seinen Namen (von Emmit Jr. zu Tyler), um jede Verbindung zu seinem Vater, den er zutiefst verachtete, auszulöschen. Sein Leben wurde zusehends miserabler.

Als er 21 war, saß er eines Tages zu Hause und schaltete »Oprah« ein. Die »Queen of Talk« schlug dem Publikum vor, ihre Gefühle gegenüber Personen aufzuschreiben, die ihnen Schmerzen zugefügt hatten. Sie behauptete, das sei kathartisch. Nachdem er die Bedeutung des Wortes kathartisch im Lexikon nachgeschlagen hatte, begann Perry, seine Gefühle gegenüber seinem Vater, seiner Mutter und seinem bisherigen Leben in Armut aufzuschreiben, das ihn seiner Meinung nach zu einem Opfer gemacht hatte. Die Worte strömten Seite um Seite nur so aus ihm heraus und brachten ihn schließlich auf den Gedanken: »Oh Mann, ich sollte unbedingt ein Theaterstück daraus machen.«

Die meisten Menschen hätten ihn als verrückt bezeichnet. Schließlich hatte er nicht mal die Highschool zu Ende gebracht. Und garantiert nicht die geringste Ahnung, wie man ein Theaterstück schreibt.

Doch der kreative Keim war gepflanzt, die innere Entscheidung getroffen. Allmählich entdeckte er, was er heute »Gottes kleine Lichtblitze« nennt.

Seine Oprah-»Aufgabe« verwandelte sich in das kreative Kapital eines Theaterstücks, ein echtes Drama, das er *I Know I've Been Saved* nannte. Mithilfe der verschiedensten Jobs, unter anderem als Verkäufer von Gebrauchtwagen und Geldeintreiber, gelang es ihm, 12 000 Dollar zusammenzukratzen und das Stück auf die Bühne zu bringen.

Leider wurde es ein kompletter Misserfolg. Insgesamt 30 Personen erschienen zur Premiere, die meisten von ihnen Tylers Freunde. Viele andere hätten an diesem Punkt aufgegeben, doch Perrys kreatives Kapital hatte trotz Misserfolg begonnen, sich anzusammeln. Er hatte Lunte gerochen. Es war zu spät, um seine eigenen »Nicht-gut-genug, nicht-clever-genug«-Blockaden zu errichten. Die nächsten sechs Jahre feilte er an seinem Stück herum und führte es immer wieder auf. Jedes Mal der gleiche Misserfolg, was ihn immer näher an den finanziellen Abgrund trieb. Sechs Monate lang lebte er in seinem Auto, obdachlos, frustriert und sich fragend, warum er je hatte glauben können, es sei eine gute Idee, auf Oprah zu hören.

Schnellvorlauf zum Februar 1998. Tyler beschloss, es noch ein Mal zu versuchen. Am Premierenabend gab die Heizung in der Garderobe der in ein Theater verwandelten Kirche in Atlanta, die er für den definitiv letzten Versuch, seinen Traum zu realisieren, gemietet hatte, ihren Geist auf. Als er frierend hinter der Bühne saß, sagte er sich selbst unmissverständlich: »Das ist es jetzt. Ich werde dem Rat meiner Mutter folgen und diesen verrückten Traum aufgeben. Sieht so aus, als hätte ich mich total geirrt.«

Doch als er durch den Vorhang in den Zuschauerraum spähte, sah er eine lange Schlange von Menschen, die darauf warteten, hereingelassen zu werden. Das Theater war alle drei Abende komplett ausverkauft. Und sein nächstes Stück, in Zusammenarbeit mit einem Prediger aus Dallas, spielte in fünf Monaten 5 Millionen Dollar ein!

Heute verdient Perry als einer der höchstbezahlten Akteure in Hollywood um die 100 Millionen Dollar im Jahr. Er war der erste Afroamerikaner, der sein eigenes Filmstudio gründete, 19000 qm Studio- und Bürofläche in Atlanta, Georgia. Und alles nur, weil er dem Ruf seiner Muse gefolgt war.

Los geht's!

SCHREIBEN SIE EINEN SKETCH FÜR SATURDAY NIGHT LIVE.

»Perfektion ist der Feind des Guten.«

– Ansel Adams, Fotograf

In meiner frühen Jugend war *Laugh-In* die tollste Show im Fernsehen. Meine Freunde und ich schrieben *Laugh-In*-Nummern und führten sie unseren Eltern vor. Ich spielte Edith Ann und die verrückte Telefonistin, die sich Papier in den BH stopfte, und Sie können darauf wetten, dass wir uns die Seele aus dem Leib spielten.

Also, wenn wir das in der siebten Klasse tun konnten, können Sie es mit Sicherheit heute.

Ihre Aufgabe in dieser Woche ist es, einen Sketch für *Saturday Night Live* zu schreiben. Vielleicht möchten Sie sogar Ihre Freunde einladen, um sich auch einen einfallen zu lassen, und ihr eigenes *SNL* zum Besten zu geben.

Zumba für die Seele

- Spielen Sie im Wohnzimmer mit Klebeband Himmel-und-Hölle.
- Verkleiden Sie sich wie eine Nonne.
- Küssen Sie fünf Personen.

Sie sind in guter Gesellschaft

Madeleine L'Engels Buch von 1962, *Die Zeitfalte*, wurde von 261 Verlagen abgelehnt.

WOCHE 41

Geschenke vom Universum

»Das Leben ist eine Kiste voller Gummi-Entchen.«

– Amy Poehler, Schauspielerin und Komikerin

Falls Sie schon mal in *E²* reingeschaut haben, erinnern Sie sich vielleicht, dass ich mithilfe von Affirmationen meine Karriere als selbstständige Autorin begonnen habe. Ich habe sogar Postkarten an mich selbst geschickt mit Aussagen wie: »Ich, Pam Grout, bin eine großartige Autorin«, »Ich, Pam Grout, habe das Zeug dazu, meine Manuskripte an New Yorker Verlage zu verkaufen.«

Daher war ich begeistert zu erfahren, dass es da draußen noch einen anderen Autor gibt, der ebenso Affirmationen benutzte, um seine Karriere in Gang zu bringen.

Scott Adams, Schöpfer des Comicstrips *Dilbert*, glaubt, dass seine täglichen 15 Affirmationen (»Ich, Scott Adams, werde ein berühmter Comiczeichner sein«) seinen kometenhaften Aufstieg ermöglichten.

Anfangs verwendete er die Affirmationen aus lauter Jux. Zum damaligen Zeitpunkt machte er einen Hypnose-Lehrgang, und einer seiner Kommilitonen erwähnte, dass man durch das Affirmieren dessen, was man erreichen möchte, genau diese

Sache in sein Leben zieht. Zunächst glaubte er nicht daran, dachte jedoch: »Was kann schon passieren? Ich versuch's einfach mal.«

Als Erstes benutzte er Affirmationen für ein Rendezvous mit einer jungen Frau, die (zumindest in seiner Vorstellung) definitiv eine Liga zu groß für ihn war.

»Damals war ich eine 6 von 10, vielleicht auch eine 6,5. Doch sie war eine 9. Die Chancen, dass sie mit mir ausgehen würde, waren praktisch gleich null.«

Doch nach mehreren Wochen täglicher Affirmation wurden sie tatsächlich ein Paar.

Immer noch nicht überzeugt, beschloss er, um Investment-Tipps zu bitten. Er wollte sein Glück an der Börse auf die Probe stellen.

Natürlich wäre es hilfreich gewesen, wenn er gewusst hätte, wie man Aktien kauft. Nichtsdestotrotz begann er mit Affirmationen in Bezug auf seine Fähigkeiten, erfolgreich auf dem Aktienmarkt mitzumischen. Eines Nachts wachte er auf und hörte mit verblüffender Klarheit die Worte: »Kauf Chrysler-Aktien.« Er war zu dem Zeitpunkt noch ein totaler Grünschnabel und hatte keine Ahnung, wie so ein Kauf tatsächlich funktionierte.

Doch als er den Chrysler-Aktienkurs weiter verfolgte (es waren die frühen 1980er und Lee Iacoca Geschäftsführer bei Chrysler), beobachtete er mit steigender Begeisterung, wie die Aktie nach oben schoss und sein Investoren-Konto mit reichlich Moos füllte.

Als Nächstes (und jetzt war er bereit) bekam er den Tipp, in etwas zu investieren, das sich *ASK Computer* nannte. Und tatsächlich, die Aktie stieg schnell auf 10 und dann auf 20 Prozent. Selbstzufrieden verkaufte er sie und steckte fröhlich die Gewinne ein, nur um kurz darauf zu erfahren, dass sie ihren Wert erst verdoppelt und dann verdreifacht hatte.

Dann setzte er seine 15 Affirmationen für einen guten Abschluss beim GMAT-Test (Graduate Management Admission Test) ein. Beim ersten Mal erzielte er 77 Punkte, was nicht ausreichte für ein Studium in Berkeley, der Hochschule seiner Wahl.
Ihm wurde klar, dass er 94 Punkte brauchte, um auf einen Studienplatz an seiner Traum-Universität hoffen zu können.
»Ich wusste, dass ich nicht wirklich smart genug war, um 94 Punkte zu erreichen, aber ich visualisierte diese Zahl einfach immer weiter. Ich sah die 94, wie sie durch das kleine Fenster des Umschlags aufleuchtete«, sagt er.
Er machte die Prüfung erneut, obwohl er wusste, dass er wahrscheinlich nicht über 77 Punkte hinauskommen würde.
Mehrere Wochen vergingen, bevor das Ergebnis in seinem Postfach landete. Er drehte den Umschlag herum, schaute in das kleine Adressfenster – und, Sie haben es erraten, seine Punktzahl war 94.
Als er dann zu affirmieren begann, »Ich, Scott Adams, bin ein berühmter Cartoonist«, war er bereits ein alter Affirmations-Profi. Das Universum hatte keine andere Wahl, als ihn mit der allseits beliebten Cartoon-Reihe zu belohnen, die nach letztem Stand regelmäßig in 2000 Zeitungen überall auf der Welt erscheint.

Los geht's!

ERZÄHLEN SIE EIN MÄRCHEN NEU.

»Früher war ich Schneewittchen,
doch dann ließ ich mich gehen.«

– Mae West, Schauspielerin

Die Märchen fangen an mit »Es war einmal« und enden mit »und wenn sie nicht gestorben sind, dann leben sie noch heute«.
Doch was passiert, nachdem das von Missgeschicken gebeutelte Paar wieder vereinigt ist und zusammen in den Sonnenuntergang reitet?
Disney hat fast ein Jahrhundert lang Märchen neu gesponnen oder weiterentwickelt. Heute sind Sie an der Reihe.
Alles ist erlaubt. Hier sind ein paar Ideen:

1. Verlegen Sie es in die heutige Zeit. Oder auch nicht.
2. Erfinden Sie eine Fortsetzung. Was taten Hänsel und Gretel, als sie erwachsen waren? Ist Dorothy jemals nach Oz zurückgekehrt?
3. Verändern Sie die Szenerie. Was wäre, wenn das vorindustrielle europäische Volksmärchen im Chicago der Prohibitionszeit spielen würde?
4. Überlagern Sie Märchen. Was wäre, wenn sich Aschenputtel und Rapunzel kennenlernen würden?

5. Fügen Sie eine interessante Wendung hinzu. Ein Abweichen vom ursprünglichen Entwurf kann zu ungeahnten, faszinierenden Situationen führen.
6. Erzählen Sie das Märchen vom Standpunkt eines Bösewichts. Das Buch *Wicked* und das darauf basierende Broadway-Musical sind ein Beispiel dafür.
7. Machen Sie aus der Heldin eine »Action-Prinzessin«.

Zumba für die Seele

- Lernen Sie, »Ich liebe dich« in fünf Sprachen zu sagen.
- Lernen Sie drei stubenreine Witze auswendig.
- Füttern Sie die abgelaufene Parkuhr eines Fremden.

Sie sind in guter Gesellschaft

Am Ende seiner Karriere war Jackson Pollock nicht mehr in der Lage zu arbeiten. Er starrte auf seine leere Leinwand und klagte Freunden, dass er »seine Staffelei, diese ganze Kunst« hasste.

TEIL 5

Freude für die Welt

*»Künstler sind die Torwächter der Wahrheit.
Es ist unsere Pflicht, Stimme der Menschen zu sein,
die übergangen und an den Rand gedrängt werden.«*

– COMMON, US-Schauspieler/Performer

Ich dachte, das hier wäre ein Buch darüber, wie man Künstler sein kann.

Doch während ich die Musen sprechen lasse, ein williger Kanal für sie bin, merke ich, dass eine zweite Botschaft hochkommt.

Dass es bei Kreativität darum geht, sich eine neue Welt vorzustellen, eine neue Vision zu entwerfen.

Kunst, wenn sie richtig gemacht wird, ist ein Instrument der Heilung.

Als Künstler sind wir draußen in der Welt als Feldforscher für die Kultur tätig.

Anstatt zu protestieren und über Politik und den Zustand der heutigen Welt zu jammern, müssen wir unsere Frustrationen zu unseren Musen machen. Wir müssen uns von unseren Verstimmungen inspirieren lassen, zu singen, zu tanzen, laut auszurufen: »Das ist es, was wir stattdessen wollen!«

Wenn ein Hyazinth-Ara im kaum mehr vorhandenen Regenwald sein Nest verliert, lässt er nicht seinen Kopf hängen oder ruft seinen Therapeuten an. Er singt. Er gibt jubilierende Laute von sich und erinnert uns an das, was wir verloren haben.

Letzten Endes wird die Welt sich wieder zusammenraufen, nicht mithilfe von Politikern, sondern dank Tausender Individuen, die ihre Talente herschenken, Tausende von Individuen, die zu Boschaftern des Möglichen werden.

Unser Job ist es, Kunst in die Welt hinauszutragen, andere dazu zu bringen, vor Begeisterung nach Luft zu schnappen, zu weinen und vor Freude zu johlen. Und nur dann, wenn ihre Münder vor Staunen offen stehen, können wir die rote Pille der Inspiration reinwerfen.

Nicht nur bricht Kunst unser Inneres auf, sondern sie ermutigt uns, die Hände auszustrecken, uns mit anderen zusammenzutun, eine kollektive Macht für das Gute zu werden. Do-it-yourself bedeutet nicht, es alleine zu tun. Schließlich ist Kreativität bestens als Mannschaftssport geeignet.

Einer gibt den Rhythmus vor. Eine andere leitet in die Melodie über, und es dauert nicht lange, bevor das gesamte Publikum mitsingt, Hoffnung weckend für die ganze Welt.

WOCHE 42

Machen Sie ein Lied draus

»Wir alle sind dabei umzufallen;
hoffentlich aufeinander zu.«

– Richard Kenney, Dichter und Professor

Jedes Mal, wenn ein neuer Amoklauf zu beklagen ist, möchte ich ins Badezimmer laufen, möchte mich übergeben, möchte mit den Fäusten gegen etwas Hartes und Unnachgiebiges schlagen.

Wie konnte mein Land, dem ich in der Grundschule sechs Jahre lang jeden Morgen die Treue geschworen habe, so tief sinken?

Auch wenn es jeden Tag so viele Sachen zu erledigen gibt – dieses Buch zu schreiben, Plätzchen für die Abschlussprüfung meiner Tochter zu backen – fühle ich mich von diesen Tragödien angezogen. Ich bin versucht, komatös vor dem Fernseher zu sitzen, den Horror immer wieder anzuschauen und meinen Kopf zu schütteln.

Doch die Eichhörnchen huschen nach wir vor den Baum hoch zu ihren Nestern, pflichtbewusst Eicheln für den kommenden Winter sammelnd. Sie sammeln, während laute Menschen durch die Tür hinaus- und hineinstolpern, die nur wenige

Meter von ihrem mickrigen Nahrungsvorrat entfernt ist. Sie sammeln sogar dann, wenn ein wütender Sturm ihre Nester auf die Erde schleudert, wie es letztes Jahr der Fall war. Sie sammeln, obwohl ständig der Tod droht und das Leben grausam sein kann.

Ein Teil von mir will sich verstecken, will mit der Tochter nach Neuseeland flüchten, wo ihr Vater ein Weingut besitzt und – vermutlich – ein friedlicheres Leben führt.

Doch es ist nicht die Zeit, wegzulaufen oder wie betäubt rumzusitzen und mich hilflos von den vielen Details des Lebens überwältigen zu lassen.

Es ist die Zeit, aktiv zu werden, etwas zu erschaffen. Eine Zeit, Frieden mit dem Chaos zu schließen und Liebe aus den Fäden des Unbegreiflichen zu spinnen.

Schnell drängt sich der Gedanke auf: »Wie kann ich, eine unbedeutende Person aus Kansas, eine Flut aufhalten?«

Und genau das bin ich, wenn ich vergesse, wer ich bin.

In Wahrheit bin ich ein Schöpfer, im Angesicht des großen Schöpfers erschaffen.

Und ich bin nicht unbedeutend.

Wenn auch sonst nichts, so kann ich wenigstens darüber schreiben, was diese Massaker für mich bedeuten. Ich weiß nicht wirklich etwas über Sandy Hook (A. d. Ü.: Elementary School in Newtown, Connecticut, an der am 14. 12. 2012 ein Amoklauf stattfand). Außer einem kurzen Aufenthalt anlässlich eines Atem-Seminars im nahegelegenen Washington, Connecticut, habe ich keine wirkliche Verbindung zu dieser kleinen Stadt.

Dennoch hat die Geschichte auch mit mir zu tun. Mit meiner Wut, den vielen Malen, als ich Rache wollte, wenn mich jemand abgelehnt hat. Es hat mit den Zeiten zu tun, wo ich um mich geschlagen habe, wenn jemand sagte: »Das war's dann!« oder »Du bist nicht das, was ich mir vorstelle.«

Es hat mit den nicht geheilten Bereichen unserer aller Herzen zu tun, diesen Wunden, die uns wünschen lassen, zurückzuschlagen, jemanden für unseren Schmerz zu bestrafen.

Warum wollen wir losschlagen? Weil wir uns machtlos fühlen. Weil wir vergessen haben, wer wir sind. Weil wir vergessen haben, dass die Lebenskraft des Schöpfers durch unsere innersten Adern strömt.

Es ist leicht, in dieser Kultur der Bequemlichkeit zu vergessen, wer wir sind. Wir backen nicht länger unser eigenes Brot, singen nicht mehr unsere eigenen Songs, tanzen nicht mehr unsere eigenen Tänze. Wir erschaffen kaum mehr etwas selbst. Zu oft vergessen wir sogar, dass wir es können. Exakt die Kraft, die uns mit unserem Schöpfer verbindet, liegt brach in unserer Seele.

Dank dieses Vergessens verlieren wir unseren inneren Halt. Picasso sagte, dass er in dem Moment, als ihm klar wurde, dass Malen eine Möglichkeit war, seinen Ängsten und Sehnsüchten Form zu geben, wusste, dass er seinen Weg gefunden hatte. Der Jugendliche, der für das Massaker in Sandy Hook verantwortlich war, hatte seinen Weg noch nicht gefunden. Er redete sich ein, er sei unbedeutend, nicht wichtig. Er wusste nicht, dass die Lebenskraft des ganzen Universums auch durch seinen Körper pulsierte. Er hatte noch nicht gelernt, jeden Augenblick als etwas Heiliges wertzuschätzen.

Er wusste nicht, dass er seine Wut und Zurückweisung in einem Song hätte hinausschreien können. Er wusste nicht, dass er seinen Zorn durch Tanzen in ein Gefühl, akzeptiert zu werden, verwandeln hätte können.

Wenn er es doch nur gewusst hätte …

Für ihn (und seine Opfer) ist es zu spät. Doch für uns ist es nicht zu spät, die wir aus Wut und blindem Zorn genauso schuldig sind wie die Mörder, auf die wir entsetzt mit dem Finger zeigen.

In Ihrem Inneren wartet ein Theaterstück, das einen anderen inspirieren wird, zu vergeben. In Ihrem Inneren schlummert ein Gemälde oder eine Geschichte, die Angst in Hoffnung, Schrecken in Frieden verwandeln kann. Selbst wenn es nur Frieden in das Herz eines einzigen Menschen bringt, reicht es aus.

Wie Henry Miller einst fragte: »Wo in diesem weiten Land liegt das Heiligste des Heiligen verborgen?«

Es liegt in den Eichhörnchen, die nach wie vor unbekümmert ihre Eicheln sammeln. Es liegt in Ihnen.

Los geht's!

WERDEN SIE ZUM FLANEUR.

»Alle wirklich großen Gedanken kommen einem beim Gehen.«

– Friedrich Nietzsche, Philosoph

Flaneur ist französisch und bedeutet »Spaziergänger«. Ein Flaneur geht nicht, um irgendwo hinzugelangen. Er geht, um staunend zu gaffen und sich in die Welt zu verlieben. Nicht nur ist der Akt des Gehens revolutionär in einer Kultur, die in so hohem Maße vom Auto abhängig ist, sondern sie wirkt sich in höchst positiver Weise auf die Seele des Spaziergängers aus. Viele der größten Denker der Welt waren leidenschaftliche Fürsprecher des Dahinschlenderns und Trödelns. Beethoven ging jeden Tag raus, egal ob es regnete oder die Sonne schien. Dickens, Einstein, Darwin, Jobs, Thoreau, Aristoteles, Beckett und Tschaikowsky (der Nachname reicht, um diese Genies zu identifizieren) – sie alle gingen jeden Tag hinaus. Zum Spazieren. Wandern. Schlendern.

Zumba für die Seele

- Färben Sie Ihre Unterwäsche mit Batikfarben.
- Entwerfen Sie Ihr eigenes Geschenkpapier.
- Lesen Sie fünf Kinderbücher.

Sie sind in guter Gesellschaft

Bevor die Sängerin und Songschreiberin Iris DeMent ihr erstes Album *Infamous Angel* herausbrachte, arbeitete sie in einem Kaufhaus in Nashville, Tennessee.
Bevor sie ihren ersten Song schrieb, litt sie unter den gleichen Selbstzweifeln und Unsicherheit wie jeder von uns. Sie schrieb eine Zeile, zerriss sie und redete sich ein, dass es sinnlos war, da sie nie so gut sein würde wie ihre Vorbilder – Loretta Lynn, Merle Haggard und die Carter Family. Da irrte sie sich, wie sich herausstellte.

WOCHE 43

Arbeiten, um die Welt zu heilen

»Ist es naiv, nach kreativen Heilmitteln in Form von Gedichten und Liedern zu streben, die aus dem Chor der Menschen emporsteigen? Ich finde es viel törichter, auf nachhaltige Heilung durch militärische Macht und eine Rückkehr zum Status quo zu hoffen.«

– Kim Stafford, Dichter und Schreiblehrer

Während des heiligen Monats Ramadan geht in vielen Städten des Nahen Ostens ein Bote, Mesaharati genannt, kurz vor Sonnenaufgang durch die leeren Gassen. Seine Aufgabe ist es, die Trommel zu schlagen, Gedichte zu rezitieren und die Menschen zum Morgengebet zu wecken.

Künstler erforschen, genau wie die Mesaharatis, die Gassen und Seitenstraßen der Welt, schlagen ihre Trommeln und wecken die Menschen auf. Sie artikulieren eine Vision, wie wir – als Individuen, als Gesellschaft – mehr werden können als das, was wir momentan sind. Utah Phillips nannte es »sich der Welt preisgeben«.

Kunst dient der Menschheit, indem sie ...

1. … neue Ideen in unsere Kultur schmuggelt. Sie stellt den Menschen neue Konzepte vor, Ideen, die vielleicht nicht so gut ankommen, wenn sie von einem Politiker oder einer Kanzel aus verkündet würden. Ein gutes Kunstwerk berührt Sie nicht einfach nur. Vielmehr richtet es Sie neu aus, bringt Ihre inneren Schubladen durcheinander.

Jodi Picoults Roman *Kleine, große Schritte* über eine afroamerikanische Kinderkrankenschwester und den rassistischen Vater, der auf einer weißen Kinderschwester für seinen Neugeborenen besteht, zwang mich, mir meine eigenen subtilen Vorurteile und Privilegien als Weiße anzuschauen.

Nachdem Martin Luther King Pete Seegers Song »We Shall Overcome« zum ersten Mal gehört hatte, machte er ihn zu einem der mächtigsten Mottos der schwarzen Bürgerrechtsbewegung.

Oder denken Sie an den Filmemacher John Sayles, der seine Zuschauer eingeladen hat, sich mit Gier, Ungerechtigkeit, Armut und Umweltfragen auseinanderzusetzen.

Künstler sind Historiker, Geschichtenerzähler und Wärter uralter wortloser Sprachen, basierend auf Liebe.

2. … Ehrfurcht gebietet. Kunst verpasst unserem inneren System einen Neustart, um die Welt mit anderen Augen zu sehen, sie auf eine intimere Weise zu lieben. Kunst entschleunigt, macht uns langsamer, weckt alle unsere Sinne. Sie ist eine Möglichkeit, total präsent zu sein, mit neuen Augen zu sehen. Kunst befähigt uns, zuvor unsichtbaren Details Beachtung zu schenken und sie zu schätzen. Sie hilft uns, die endlos verlockende Magie der Natur zu sehen, die erstaunlichen Einzelheiten unseres täglichen Lebens zu bemerken.

Ich bin oft schockiert angesichts der Details, die mir entgangen sind, wenn ich mich hinsetze und tatsächlich mal was zu Papier bringe. Einmal habe ich meine Tochter Tasman gezeichnet,

während sie auf der Staffelei malte, die ich ihr zu Weihnachten geschenkt hatte. Übrigens, eine zappelige Fünfjährige zu zeichnen ist eine fast so große Herausforderung, wie mexikanische Springbohnen zu malen. Was wahrscheinlich der Grund ist, warum Kunststudenten mit einem Stillleben anfangen.
Als ich anfing, die Jeans zu zeichnen, die Tasman trug, fielen mir die spitzzulaufenden Hosentaschen auf der Rückseite auf, die doppelgenähten Säume an der Seite, der Stein, den sie im Park gefunden und in die Tasche gestopft hatte. Vor dem Zeichnen waren es einfach braune Jeans mit einem ärgerlichen Reißverschluss, der immer aufging. Ich merkte, wie ich mich in diese Jeans verliebte und noch mehr Liebe für meine süße Fünfjährige fühlte, die sie trug.

3. ... die Magie am Leben hält. Als seine vierjährige Tochter ihn fragte, was er für einen Job hat, erklärte ihr Vater – von Beruf Kunstlehrer –, dass er Menschen das Zeichnen beibrachte. Sie war bestürzt. »Du meinst, sie haben es vergessen?«
Um genauer zu sein, ließen sie es zu, dass ihr Talent, ihre Einzigartigkeit, von einer langen Liste selbstverleugnender Glaubenssätze erdrückt wurde:
»Oh, das könnte ich nie.«
»Die Leute würden denken, dass ich blöd bin.«
Denken Sie an Ihre Kindheit zurück. Die ganze Welt war Ihr Spielplatz, Ihre Palette. Mit einem Fingerschnipp Ihrer Fantasie verwandelte sich Eis am Stiel in magische Flugzeuge, die Loopings machten und mit dem Bauch nach oben flogen. Ein Stück Seife war die kleine mutige Dampflok oder eine Limousine für einen berüchtigten FBI-Spion. Und der Strand – wie wir ihn liebten! – bot unerschöpfliches Baumaterial. Erinnern Sie sich noch an die Sandburgen, die Sie gebaut haben, komplett mit Wassergräben, Rittern, Hofdamen und sogar einem Zauberer? Damals hatte Ihre Vorstellungskraft keine Grenzen.

Doch dann mischten sich Ihre Eltern ein:
»Du bist kein Baby mehr.«
»Sprich nicht mit vollem Mund.«
»Wenn jeder seinen Kopf in die Kloschüssel stecken würde, würdest du es nachmachen?«
Und dann gaben auch noch die Lehrer ihren Senf dazu.
»Male nicht über die Linien hinaus.«
»Muss deine Müslischüssel unbedingt anders sein?«
»Bäume sind grün, nicht lila.«
Und dann, kurz bevor Sie etwas wirklich Verstörendes tun konnten, lehrten Ihre Professoren Sie »wahre« Kunst und Literatur, brachten Ihnen Metaphern und Stil bei. Schließlich erkannten Sie, wie trivial Ihre kreativen Bemühungen waren. Denn letzten Endes: »Wer sind wir schon, verglichen mit den großen Meistern?«
Bei der Arbeit wird es natürlich nur noch übler. Falls Sie nicht gerade der Boss waren – die »große Nummer« –, bestand Ihre Hauptaufgabe darin, den Regeln zu folgen; Ihre Fantasie im Zaum zu halten. Außerdem hatten Sie mit all den Überstunden, Kindern, die versorgt werden mussten und einer Hypothek wahrscheinlich sowieso nicht die Zeit, mit Seifenstücken und Sandburgen zu spielen.
Und es dauerte nicht lange, bis Sie merkten, dass Sie gar nicht mehr wussten, wie Spielen ging. Ach, die Farben des Lebens hatten sich getrübt, seine Geheimnisse waren verstummt. Ihre Fähigkeit, zu staunen, überrascht zu sein, verwundert zu sein, war schon lange versiegt, begraben in einer Schachtel mit dem Spielzeug Ihrer Kindheit, die auf dem Dachboden verstaubt.
Wo ist die Fernbedienung?
Manche nennen diesen Zustand gerne *Erwachsensein*, Verantwortung tragen.
Ich weiß nicht, wie es Ihnen geht, aber ich möchte über die Stränge schlagen, von einer Welle der Begeisterung weggefegt

werden. Ich möchte Sandburgen bauen, auf Tischen tanzen, in meinem Nachthemd Himmel-und-Hölle spielen.
Was soll's, dass die Gesellschaft sagt, diese Dinge seien nutzlose Spielereien, kindische Launen, die totale Zeitverschwendung?
Was soll's, dass Kreativität keine Sicherheit garantiert?
Kreativität ist immer neu, unberechenbar, sogar gefährlich. Doch ich habe es satt, meinen Stuhl in eine Reihe mit den anderen zu stellen, in einer geraden Linie zu marschieren.
Ich bin bereit, auszuscheren, »Ja« zu meinen eigenen Ideen zu sagen, meinen eigenen Tanz zu erfinden.
Betrachten Sie dies als Ihre Einladung, sich mir anzuschließen.

Los geht's!

SEIEN SIE EIN GEDANKEN-KÜNSTLER.

»Welch' wilde Geschichte liegt in dieser Brust verborgen.«

– Edgar Allan Poe, Schriftsteller

Zuweilen ist es schwer, den Oscar zu sehen, wenn Sie noch nicht mal das erste »Fade-in« geschrieben haben. Doch Sie müssen fähig sein, eine innere Vision aufrecht zu halten. Sie müssen ein Gedanken-Künstler werden.

Vergessen Sie die »Tatsachen«. Die »Tatsache«, dass Sie nie ein Drehbuch geschrieben haben; die »Tatsache«, dass Sie sich nicht einmal sicher sind, an welcher Stelle Sie den Namen der ersten Figur erwähnen sollten.

Fokussieren Sie sich auf diese kleine goldene Statue, wie sie auf Ihrem Kaminsims prangt. Auf den Applaus, als Sie aufgeregt, begeistert und völlig fertig mit den Nerven Ihre Dankesrede halten.

Shirley MacLaine, die den Oscar als beste Schauspielerin für ihre Rolle als Aurora Greenway in *Zeit der Zärtlichkeit* gewann, ist eine Gedanken-Künstlerin der Extraklasse. Schon Jahre vorher hatte sie sich selbst immer wieder gesehen, wie sie einen Oscar bekam. Sie stellte sich sogar das Kleid vor, das sie tragen würde.

Zumba für die Seele

- ✶ Erfinden Sie eine Person und ein dazu passendes Facebook-Profil.
- ✶ Schreiben Sie eine Pressemitteilung über sich selbst.
- ✶ Tragen Sie stets einen Ideen-Fänger mit sich herum (für mich ist es ein Notizheft).

Sie sind in guter Gesellschaft

Lin-Manuel Miranda, Schöpfer des extrem erfolgreichen Musicals *Hamilton*, gestand: »Jedes Mal, wenn ich etwas schreibe, gehe ich durch die ›Ich bin ein Betrüger‹-Phase, durch die ›Das schaffe ich nie‹-Phase.«

WOCHE 44

Keine halben Sachen – es geht ums Ganze

»Was können wir gewinnen, wenn wir zum Mond fliegen, aber nicht fähig sind, den Abgrund zu überwinden, der uns von uns selbst trennt? Dies ist die wichtigste aller Entdeckungsreisen, und ohne sie ist der ganze Rest nicht nur sinnlos, sondern eine Katastrophe.«

– Thomas Merton, Trappist

In der nächsten Stunde werden in den USA 60 Menschen versuchen, sich das Leben zu nehmen. Vier von ihnen wird es gelingen. Wenn Sie dieses Kapitel zu Ende gelesen haben, wird einer Ihrer Mitmenschen tot sein – nicht durch Krebs, nicht durch ein überlastetes Herz, sondern aufgrund der unerträglichen Last seines eigenen Schmerzes, dessen Schwere ihn schließlich dazu brachte, eine Pistole an seine kostbare Schläfe zu drücken oder sich mit einer Rasierklinge die Pulsadern der Hand aufzuschneiden, die seine eigene Mutter einst hielt, als sie ihm das Laufen lehrte.

Die World Health Organization (WHO) schätzt, dass Depressionen und ihre Folgen im Jahr 2030 Krebs, Schlaganfälle, Krieg und Unfälle als häufigste Ursache von Invalidität und Tod ablösen werden.

Eigentlich sollte ich nicht darauf hinweisen müssen, dass hier etwas total schiefläuft. Irgendwas ist außer Kontrolle geraten. Etwas Heiliges ist verletzt worden. Die menschliche Seele hat Glauben und Vertrauen verloren.

Im Laufe der Zeit haben wir nach und nach unser Erbe aufgegeben. Wir haben unsere Macht abgegeben, selbst zu denken, uns Dinge vorzustellen, zu erfinden, zu planen, zu träumen. Stattdessen greifen wir nach unserem Telefon, nehmen die Fernbedienung. Wir bestellen was bei Lieferando.

Wir alle haben ein göttliches Geschenk erhalten – die Fähigkeit zu erschaffen. Wir sind gesegnet mit der Kraft, unser eigenes Schicksal zu bestimmen, den Kosmos zu erweitern.

In jedem von uns lebt ein Meisterkoch, ein Erfinder, ein Autor, ein Staatsmann. Alle diese Helden, diese ungeheuren Giganten, die in unserer Seele existieren, sterben im wahrsten Sinne des Wortes vor Langeweile. Sie sind es gründlich leid, sich jeden Tag Netflix reinzuziehen.

Fertignahrung, ständiges TV-Streaming und Online-Shopping haben die Götter in uns als Geiseln genommen. Es ist kein Wunder, dass wir alle depressiv sind. Wir, die größten Schöpfer überhaupt, gesegnet mit der Fähigkeit, Städte zu bauen und Nationen zu inspirieren, vergeuden unsere Zeit vor dem Fernseher mit Wiederholungen von *Sex and the City.*

Wir haben vergessen, dass wir ganze Galaxien in greifbarer Nähe haben. Wir sind Götter, die sich wie Narren aufführen. Unser tiefster Impuls ist es, etwas zu erschaffen. Ohne Kreativität wird das Leben steril, zu kaum mehr als einer auswendig gelernten Angelegenheit.

Ich bin nicht einfältig genug zu behaupten, dass etwas so Einfaches wie ein Gedicht zu schreiben oder ein Lied zu singen die Selbstmordrate senken wird. Ich schlage nicht vor, dass wir unsere Psychopharmaka gegen Zeichenblöcke eintauschen sollten. Doch es ist ein Anfang.

Der simple kreative Prozess ist ein Akt der Ermächtigung, ein Akt der Hoffnung. Er erinnert uns daran, dass wir weder unbedeutende Schachfiguren sind noch hilfloses Vieh in einem riesigen kosmischen Schlachthaus. Einen Song zu schreiben oder eine Vase blühenden Rittersporns zu zeichnen bringt uns erneut zu Bewusstsein, dass wir die Fähigkeit besitzen, etwas aus dem Nichts zu erschaffen. Und indem diese Mahnungen sich summieren, fühlen wir uns nicht länger von unseren Schwierigkeiten und den Problemen der Welt überfordert. Wir erinnern uns daran, dass wir, als Menschen, als Mitschöpfer des Universums, über eine ungeheure Kraft verfügen, die Dinge zu verändern.

Es liegt in unserer Verantwortung, Kunde abzulegen von dem endlosen Rhythmus und der Schönheit des Lebens. Unsere einzige Aufgabe ist es, unseren eigenen Song zu entdecken und in die Welt hinaus zu singen.

Sie können entweder der Aufforderung folgen. Oder sterben.

Los geht's!

SPIELEN SIE EINE SZENE
AUS *DER ZAUBERER VON OZ*.

*»Nimm dein gebrochenes Herz.
Verwandle es in Kunst.«*

– Carrie Fisher, Schauspielerin

Ja, Sie werden Freunde brauchen. Jemand muss der Zinn-Mann sein, jemand die Vogelscheuche, und ein anderer der feige Löwe. Vielleicht möchten Sie sogar einen Hund wie Toto und eine Böse Hexe des Westens an Ihrer Seite haben. Sie wählen die Szene aus. Sie entscheiden über die Besetzung. Doch vergessen Sie nicht, dass Sie diese Woche ein Schauspieler, ein Sänger und vielleicht sogar ein Zauberer sind.

Zumba für die Seele

- ✶ Basteln Sie fünf verschiedene Papierflugzeuge. Testen Sie, welches am besten fliegt.
- ✶ Gestalten Sie Ihr eigenes Malbuch.
- ✶ Probieren Sie ein buddhistisches Meditations-Ritual aus.

Sie sind in guter Gesellschaft

Als Jerry Seinfeld zum ersten Mal vor Publikum stand, brachte er kein Wort heraus und wurde von der Bühne gepfiffen.

WOCHE 45

Was will das Universum durch Sie zum Ausdruck bringen?

»Ohne Sie fehlt dem Rest von uns eine Quelle vieler wundervoller Dinge.«

– Leo Buscaglia, Professor und Autor vieler Bestseller zum Thema Liebe

Ein Arzt verschrieb einst einer Freundin von mir »eine Stunde Schönheit täglich«. Sie litt unter chronischer Müdigkeit, ohne dass der Arzt medizinische Gründe dafür finden konnte. Er forderte sie auf, jeden Tag aus dem Haus zu gehen und mindestens 60 Minuten Großzügigkeit, Anmut und Kunstwerke zu bewundern.

Genau das ist auch der Ausgangspunkt für alle, die kreativ sein wollen. Wir müssen mit einem Gefühl der Fülle beginnen, müssen wissen, dass wir – wie Buscaglia uns gesagt hat – die Quelle von etwas Wundervollem sind.

Die Freude an der Kreativität beginnt mit diesem Gefühl grenzenloser Möglichkeiten. Mit der Erkenntnis, dass es überall kostbare Schätze zu entdecken gibt. Unsere Aufgabe besteht darin, sie einem Goldgräber gleich einzusammeln und ihnen eine Stimme zu geben.

Ein Künstler ist jemand, der im Namen der Welt wichtige Dinge enthüllt. Jemand, der – wie die Dichterin Mary Oliver sagt – aufmerksam ist, staunt und uns darüber erzählt.

Künstler zu sein ist keine billige Möglichkeit, Aufmerksamkeit zu erlangen. Ein Künstler bietet der Welt und allen ihren Lebewesen ein Geschenk an.

Was soll's, wenn keiner es kaufen will? Nageln Sie es an einen Lichtmast. Machen Sie es in einem Blog zugänglich. Setzen Sie Ihrer Großzügigkeit keine Grenzen. Verschleudern Sie alles mit offenen Händen.

Träume verschwinden, wenn wir sie nicht erzählen oder aufschreiben.

In der Geschichte des Universums wird es nie wieder jemanden geben wie Sie. Ihre Erfahrungen, Ihre Weisheit, Ihre Talente und Geschenke können niemals wieder reproduziert werden. Sie haben etwas, das die Welt ohne Sie nie kennenlernen wird.

Jeder Mensch hat eine einzigartige Sichtweise, seinen ganz eigenen Schatz anzubieten.

Bitte, ich flehe Sie an. Sie dürfen uns Ihren Beitrag nicht vorenthalten.

Jolie Guillebeau, Malerin aus Portland, Oregon, sagt, dass sie erst ein volles Jahr nach Abschluss ihres Kunststudiums die Kraft hatte, zu dem von ihr gewählten Beruf zu stehen. »Trotz des Diploms konnte ich mich nicht Künstlerin nennen. Ich konnte weder malen noch zeichnen – kein einziges Bild. Ich war vor lauter Angst und Perfektionismus und dank des inneren Richters, der während des Kunststudiums an Bord kam, wie gelähmt.«

Nach vier Monaten Tagebuchschreiben hatte sie eine kurze und bündige Zusammenfassung darüber erarbeitet, wer sie war und was sie glaubte. Sie bestand aus zwei Worten: *Maler malen.*

»Ich wusste, dass ich malen musste. Ich wusste, dass ich an die unbegrenzte Fülle von Ideen glauben musste. Also verpflichtete ich mich, drei Monate lang jeden Tag ein Bild zu malen, egal ob ich eine gute Idee hatte oder nicht. Es war die einzige Möglichkeit, meine kleinen Monster in die Knie zu zwingen, einen Tag nach dem anderen.«

Nach 100 Tagen hatte sie 100 Bilder fertig. Sie empfindet dies als die beste Möglichkeit, ihre Geschichte zu erzählen, ihre Fülle zu teilen.

Finden Sie Ihre Fülle in den flüchtigen Momenten, die es verdienen, gefeiert zu werden, auch wenn sie kein anderer bemerkt.

Los geht's!

SCHREIBEN SIE EINEN LESERBRIEF.

»Lass die Welt interessanter zurück,
als du sie vorgefunden hast.«

– Neil Gaiman, britischer Schriftsteller

Es gibt etwas, das Sie total nervt, etwas, dass Ihnen seit Monaten auf den Magen drückt. Anstatt still vor sich hin zu schmoren, ist es jetzt an der Zeit, dass Sie Ihren Senf dazu geben. Wer weiß? Vielleicht wird die Zeitung Ihren Brief sogar drucken.

Zumba für die Seele

✶ Schmücken Sie einen Baum im Park, wie wenn Weihnachten wäre.
✶ Ziehen Sie etwas aus dem Müll und machen Sie was damit.
✶ Tragen Sie etwas, das nicht wirklich der »Kleiderordnung« entspricht.

Sie sind in guter Gesellschaft

Stevie Nicks (von Fleetwood Mac) ist vor einem Auftritt immer so nervös, dass sie nicht mal ihr Make-up auftragen kann. Sie zittert am ganzen Körper und leidet unter Übelkeit. Wenn sie sich auch als akzeptable Songschreiberin versteht, besteht sie auf ihrer Überzeugung, dass sie kein wirkliches musikalisches Talent besitzt.

WOCHE 46

Das innere wilde Kind

»Frag' nie, ob du etwas tun kannst. Sag' stattdessen, dass du es tust. Und dann schnall dich an.«

– JULIA CAMERON, Autorin von *Der Weg des Künstlers*

Jahrelang wurde uns geraten, mit unserem »inneren Kind« in Kontakt zu kommen. Man hat uns gesagt, dass die einzige Möglichkeit, unsere wichtigsten emotionalen Probleme zu lösen, darin besteht, unser inneres Kind anzunehmen, es zu unserem intimsten Vertrauten zu machen.

Das Problem ist aber, dass wir vergessen, das innere Kind zu fragen, wie es mit der Einladung zum Tee mit dem Feenkönig aussieht. Wir haben so viel Zeit damit zugebracht, es dazu zu bringen, von seinem Vater zu erzählen, der nie da war, und über die Kindergärtnerin zu klagen, die es im Schrank eingesperrt hatte, dass wir ganz verabsäumt haben, das innere Kind darum zu bitten, seinen verrückten Tanz, sein lustiges Lied oder seine wilden Fantasien mit uns zu teilen.

Kinder wissen wichtige Dinge, die wir »reife Erwachsene« vergessen haben. Kinder wissen, dass Dreckpfützen da sind, um Stöckchen schwimmen zu lassen; dass Schneestürme erschaffen wurden, um Engel ans Fenster zu malen; und dass zerbrochene Besenstiele in Wahrheit tänzelnde Ponys sind. Sie wissen, dass Kegelspiele besser sind als Geld und dass die Suche am Strand nach einer hübschen Muschel eine wunderbare Möglichkeit ist, den Tag zu verbringen.

Und wenn es darum geht, Kunst zu machen, kommt ein Erstklässler nie auf die Idee, er könne vielleicht nicht wissen, wie man malt, wie man tanzt, oder wie man aus Knetmasse Figuren formt. Kinder wissen, wie man fantastische Träume träumt, wie man sich mit Drachen und Prinzen und Elfen anfreundet. Dies ist das innere Kind, das wir um Rat fragen wollen.

Nicht nur wollen wir dieses innere wilde Kind zurückrufen, das mutige Wesen, das auf Bäume klettert und Sandburgen baut, sondern wir wollen auch die Dinge *tun*, die Kinder tun. Am besten sollten wir uns jede Woche einmal mit unserer Familie und Freunden zusammensetzen und ihnen etwas zeigen, das wir wirklich mögen, etwas Einzigartiges über uns. Wir sollten irgendeine Zeichnung mitbringen, die wir auf die Rückseite einer Rechnung gekritzelt haben, oder etwas, das uns eingefallen ist, als wir in der Schlange vor der Kinokasse gewartet haben. Auch Erwachsene denken sich noch Dinge aus. Wir erzählen nur niemandem davon. Wir glauben nicht, dass es wichtig ist. Nicht in Anbetracht des Rasens, der gemäht werden muss, und des Stoßdämpfers, der repariert werden muss.

Wie sehr wir uns alle näher wären, wenn wir lange genug innehalten würden, um uns im Kreis gegenseitig Geschichten zu erzählen und uns unsere Kreationen zu zeigen. Wir alle haben das Verlangen nach Gemeinschaft. Wir brauchen mehr Möglichkeiten, uns miteinander zu verbinden.

Außerdem brauchen wir noch Zeit für Märchen, Zeit zum Musikmachen, Zeit für ein Nickerchen und Zeit für einen Snack. Wahrscheinlich sogar mehr als Kinder.

Vorschulkinder haben Zeit, Tamburin zu spielen, lustige Liedchen zu singen und in wilden Kreisen herumzutanzen, während wir als wohlerzogene Erwachsene am Rand sitzen und zuschauen.

Wieso kleben wir keine Fingermalereien mehr an unseren Kühlschrank? Was ist mit dem Lesen und Besprechen von Büchern passiert? Oder Scharade spielen?
Anstatt sich auf die »Arbeit« an unserem inneren Kind zu fokussieren, sehe ich Gruppen von Menschen, die sich im Kreis aufstellen, um einander ihre Selbstportraits zu zeigen, ihre *Entfessle deine Kreativität*-Abzeichen, ihre Ballonskulpturen. Ich sehe sie über ihre diversen Abenteuer lachen, Gedichte auf Bürgersteigen zurücklassen und großartige Statements auf Brücken sprayen. Ich sehe ein großes gemeinsames Picknick, bei dem jeder die fantastischen Sandwich-Variationen der anderen probiert. Ich sehe, wie sie selbst erfundene Feiertage zelebrieren oder Varietévorführungen mit Parodien und selbst gemachten Instrumenten zum Besten geben.
Doch in erster Linie sehe ich Heilung, Spaß, das Leben, wie es für eine Sechsjährige ist.

Los geht's!

VERANSTALTEN SIE EINE RUNDE,
BEI DER SIE SICH GEGENSEITIG
IHRE KREATIVEN PROJEKTE VORSTELLEN.

»Sie sind hier, um eine kosmische Feier auszurichten.«

– MICHAEL BECKWITH, eindrucksvoller Vertreter der Neugeist-Bewegung

Erinnern Sie sich an den Essay *Alles, was du wirklich wissen musst, hast du schon als Kind gelernt*? Nun, der Grund für seine Popularität war, dass er einen Nerv traf. Denn ehrlich, was müssen wir schon mehr wissen?

In dieser Woche laden Sie Ihre Freunde zu sich nach Hause ein. Mit der Bitte, eine Geschichte, Gedanken oder Ideen mitzubringen, die ihnen wertvoll sind. Jeder bekommt die Gelegenheit, darüber zu sprechen, während die anderen zuhören. Sie werden staunen, was für ein Riesenspaß das ist.

Zumba für die Seele

- Schreiben Sie ein neues Ende für einen Krimi.
- Schlüpfen Sie in die Rolle Ihrer liebsten Comicfigur.
- Veranstalten Sie ein Barbra-Streisand- oder Keanu-Reeves-Filmfestival (oder mit einem Star Ihrer Wahl).

Sie sind in guter Gesellschaft

Tom Wolfe, Bestseller-Autor u. a. von *Der Electric Kool-Aid Acid Test* und *Fegefeuer der Eitelkeiten* sagt: »Das Scheußliche am ersten Satz eines Buches ist, dass du, sobald du ihn geschrieben hast, erkennst, dass dieses Stück Arbeit nicht die großartige Sache wird, die du dir vorgestellt hast. Sie kann es gar nicht sein.«

WOCHE 47

Mut

»Man braucht ganz schön gute Nerven; die Sorte, die man benötigt, um auf einem Baumstamm den Fluss zu überqueren.«

– Margaret Atwood, kanadische Dichterin und Schriftstellerin

Kreativ zu sein ist ein Akt großen Mutes.

Jedes Mal, wenn wir schreiben oder singen oder malen, gehen wir ein Risiko ein. Wir balancieren auf dem Hochseil, und die Leute im Zirkuszelt schauen uns zu.

Kein Wunder, dass wir lieber kneifen.

Kunst zu machen kann alles Mögliche beinhalten – Ihr Bedürfnis, gesehen zu werden, Ihr Bedürfnis, die Wahrheit zu sagen, Ihr Bedürfnis, etwas zu bewirken.

Ist es da ein Wunder, dass Sie ein klein bisschen ängstlich sind?

Oft zeigen unsere Ängste sich in verschleierter Form – als Verzögerungstaktik (»Ich werde morgen an Szene 3 arbeiten«), als Zeitmangel (»Ich fange mit dem Roman an, sobald die Kinder in der Schule sind«) oder Depression (»Ich fange an zu malen, wenn ich nicht mehr so niedergeschlagen bin«).

Nennen Sie es, wie Sie wollen, es ist immer das gleiche Problem.

Kreativ zu sein ist echt gruselig.

Wir riskieren es, uns zu entfremden. So sehr die Leute Filmstars und Bestseller-Autoren anhimmeln, die in den Talkshows erscheinen, so wenig applaudieren sie den Menschen in ihrer eigenen Umgebung, die sich verkriechen, um Gedichte zu schreiben, oder mit der Gitarre üben. Wenn wir uns kreativ betätigen, sind wir häufig alleine, in einer anderen Welt, die nicht immer die Personen in Ihrer unmittelbaren Nähe mit einschließt. Manchmal fühlen sie sich dadurch bedroht.

Sie werden sagen: »Mach weiter so« und »toll, Baby«, sobald Sie etwas veröffentlichen oder eine Rolle in einem Theaterstück landen, doch bis es so weit ist, neigen die Betreffenden dazu, Ihnen zweifelnde bis abfällige Blicke zuzuwerfen.

Wenn Sie kreativ sind, machen Sie sich verletzbar, werfen Besonnenheit und Vorsicht über Bord, halten nichts zurück.

Solange Sie den Mund halten, im richtigen Moment mit dem Kopf nicken, dem vorgeschriebenen »Das geht« und »Das geht nicht« folgen, wird Sie niemand auslachen, ablehnen oder hinterfragen.

Doch sobald Sie etwas anderes schreiben, sagen oder malen, fällt die Maske. Die Menschen wissen über Sie Bescheid. Und das zu riskieren verlangt großen MUT.

Außerdem verlangt es Mut, sich Ihren eigenen Ängsten, Ihren eigenen Wahrheiten zu stellen. Wenn Sie sich Ihrer Kunst verpflichten, werden Sie unter Umständen feststellen, dass Ihr wahres Selbst nicht mehr der Person entspricht, als die die Welt Sie kennt. Wie Faulkner gesagt hat: »Ein Buch ist das geheime Leben des Autors, sein böser Zwilling.«

Vielleicht werden Sie merken, dass – der Himmel möge es verhüten! – Sie nicht wirklich das wollen, was die Gesellschaft erwartet. Emily Dickinson zum Beispiel entdeckte durch ihre Gedichte, dass sie nicht wirklich heiraten und einen Haushalt führen wollte wie ihre Mutter.

Und ganz besonderen Mut braucht es, um jenen lästigen Stimmen Paroli zu bieten, die Ihnen ständig sagen: »Du bist einfach langweilig«, die Stimmen, die insistieren, dass Sie, wenn Sie schreiben oder malen, eine finanzielle Bruchlandung riskieren. Es braucht Mut, sich gegen diese inneren oder äußeren Stimmen aufzulehnen, ohne Rücksicht auf Verluste weiterzumachen, auch wenn sie Ihnen ein Bein stellen und versuchen, Sie zu Fall zu bringen.

Es braucht Mut, weiterzumachen, wenn Ihre Arbeit Ihren Vorstellungen nicht gerecht wird, wenn Sie anstatt einer Jane Austen nur ein fröhliches Liedchen zustande bringen. Nichtsdestotrotz müssen Sie sich einfach weiter bemühen.

Es gibt eine Menge Ablehnung da draußen, viele Menschen werden sagen: »Tut mir leid, gefällt mir nicht.«

Wir müssen mutig genug sein, trotzdem weiterzumachen.

Los geht's!

BETÄTIGEN SIE SICH ALS CHOREOGRAF.

»Ich bin Assistentin einer Weisheit,
die die Welt mir zur Verfügung gestellt hat.«

– Kim Stafford, Schreiblehrerin

Also gut, Sie sind nicht Isadora Duncan, und der einzige Tanz, den Sie können, beginnt und endet mit »rechten Fuß nach vorn«. Macht nichts. Schalten Sie Ihre Lieblingsmusik an, ziehen Sie die Schuhe aus und zeigen Sie, was Sie drauf haben.

Zumba für die Seele

- Veranstalten Sie ein Monopoly-Turnier.
- Schicken Sie Ihr Lieblingsgedicht anonym an 20 Personen.
- Ziehen Sie ein sexy Kleid an (oder etwas anderes, das Sie sonst nie tragen würden) und machen Sie die Nacht zum Tag.

Sie sind in guter Gesellschaft

Bob Dylan wurde von der Bühne gepfiffen, als er zum ersten Mal eine elektrische Gitarre in die Hand nahm.

WOCHE 48

Zum Tango gehören immer zwei

»Es gibt nur einen wirklichen Verlust… nicht fähig zu sein, jene, die man liebt, mit seinen Gaben zu beglücken.«

– May Sarton, Dichterin und Memoirenschreiberin

Sobald Sie Lunte gerochen haben, werden Sie sich mit anderen Künstlern zusammentun und sich gegenseitig befruchten. Und damit meine ich nicht auf Facebook, obgleich das sicherlich ein nobles Ziel ist. Ich denke mehr an einen Salon, so wie die französischen *Salons* des 17. und 18. Jahrhunderts. Trommeln Sie eine Gruppe von Künstlern zusammen mit dem einzigen Ziel, die Angebote ihrer jeweiligen Musen miteinander zu teilen.

Genau wie die Salons früherer Zeiten das eingeläutet haben, was wir heute »Das Zeitalter der Aufklärung« nennen, zähle ich auf die durch dieses Buch ins Leben gerufenen Salons, um diese traurige und stürmische Welt wieder mit Hoffnung zu füllen, um uns aus unseren wenig erfreulichen Angewohnheiten zu lösen. Zu Ihrer Information: Das ist nicht irgendeine kleine Sache, die ich Sie zu tun bitte. Ganz im Gegenteil.

Salons, von antiken griechischen Symposien bis zu Gertrude Steins berühmten Pariser Zusammenkünften, sind seit jeher Brutkästen provokanter – um nicht zu sagen gefährlicher –

Ideen gewesen. Leidenschaftliche Konversationen führen zu leidenschaftlichem Handeln. Ich erwarte nichts weniger als Großartigkeiten.
Das ist eine gute Sache. Wenn Sie so sind wie ich, haben Sie den brennenden Wunsch, sich von alten, ausgetretenen Pfaden zu entfernen, stimmt's?
Obgleich das Universum uns immer führt und hilft, kreativ zu sein, brauchen wir manchmal ein menschliches Wesen, um uns daran zu erinnern. Daher ist es sehr wichtig, ein Umfeld zu finden, in dem Kunst geschätzt und Kunstmachen gefördert wird.
Diese Woche werden Sie einen Gleichgesinnten finden, einen anderen Künstler, jemand, mit dem Sie über Ihre künstlerischen Absichten, Ängste und Leistungen reden können. Jemand, der bereit ist zu hören, was Sie zu sagen haben, ein spezieller Seelengefährte, der ein echtes Interesse an den Gedanken und Gefühlen hat, die durch Ihre Seele schwirren.
Der Mensch, der diese begehrte Position gewinnt (und es ist wirklich eine heißbegehrte Position), wird Sie jede Woche mit einem begeisterten »Hurra!« beschenken. Er wird an Sie glauben, Sie ermutigen, Ihnen anerkennend auf die Schulter klopfen, weil Sie präsent sind und sich Ihrer Kunst widmen.
Falls Sie sich ein bisschen komisch fühlen, jemanden um so viel Zeit zu bitten, vergessen Sie nicht, dass Sie ein Geschenk anbieten. Nicht nur werden Sie das Gleiche für den anderen tun (zuhören und seine/ihre Kunst mit einem freudigen »Hurra!« beglückwünschen), sondern Sie bieten das Geschenk an, der zu sein, der Sie sind.
Der oder die Betreffende erhält das Privileg, Ihr wahres Wesen zu sehen. Nicht den Teil von Ihnen, der damals im Gymnasium wegen Ladendiebstahl verurteilt wurde oder aus der sechsten Klasse geflogen ist. Das sind unbedeutende Dinge, die Sie als normaler junger Mensch getan haben.

Nein, er oder sie bekommt einen Platz in der ersten Reihe für das umfassendere, tiefere, das göttliche Sie. Und dass, meine Freunde, ist ein seltenes und unbezahlbares Geschenk. Die authentische, gottähnliche Seite eines Menschen zu sehen, erhebt den, der sie sieht, immer auf eine höhere Ebene.

Oft zeigen wir uns bei Freunden und Familie als unser kleines Selbst, das Selbst, das sich Sorgen macht, das Selbst, das zu viel Süßes nascht. Doch das *große, noble* Selbst, Ihr künstlerisches Wesen, das bereit ist, nackt und ohne Angst dazustehen, hat nur Geschenke zu vergeben. Vertrauen Sie mir! Sie werden Ihren Partner inspirieren. Und er wird froh sein, dass Sie um seine Zeit und Aufmerksamkeit gebeten haben.

Vielleicht kennen Sie schon jemanden, der bereit ist, diese Rolle in Ihrer beginnenden Karriere als Künstler zu spielen. Wenn nicht, hängen Sie am Eingang Ihres örtlichen Theaters, in der öffentlichen Bibliothek oder im Hobbyladen eine Notiz auf. Schalten Sie persönliche Anzeigen. Es gibt jemanden da draußen, Sie müssen ihn nur finden.

Wahrscheinlich ist es besser, einen Menschen zu wählen, den Sie noch nicht in- und auswendig kennen, wie Ihren Ehepartner oder Ihre beste Freundin. Nichts für ungut, aber vertraute Beziehungen verführen uns dazu, in der gleichen Spur zu bleiben. Diese Zusammenkünfte sollten frisch, direkt und voller Vitalität sein.

Ich könnte Ihnen jede Menge Regeln mit auf den Weg geben, wie so etwas zu bewerkstelligen ist, doch ich vertraue darauf, dass auf die gleiche Art, wie die künstlerische Arbeit Sie für ein tieferes Wissen öffnet, dieser Prozess der Begegnung und des Austauschs mit Ihrem Partner auf die gleiche natürliche Weise passieren wird.

Ich schlage zwei Möglichkeiten einer verbindlichen Zusage vor. Erstens: Einigen Sie sich auf ein Treffen pro Woche. Es mag schwierig für Sie sein, Zeit herauszuschlagen aus Ihrem

sowieso schon überladenen Terminkalender. Doch Sie werden merken, bald schon wird es nichts geben, was Ihnen wichtiger ist.
Regel Nummer 2: Verurteilen oder kritisieren Sie nie gegenseitig Ihre Arbeit. Klar, Sie zeigen einander Ihre Arbeit – stolz, kühn – geben jedoch niemals Kommentare oder Vorschläge ab. Ihre Aufgabe ist es, zu applaudieren und Ihren Partner zu beglückwünschen, dass er tatsächlich das getan hat, was er tun wollte. Basta. Nur das ist wichtig. Präsent zu sein. Die Arbeit zu tun. Die Musen werden sich um den Rest kümmern.

Los geht's!

SCHREIBEN SIE EINE NOTIZ
FÜR DAS SCHWARZE BRETT
IM ÖRTLICHEN THEATER,
IN DER BÜCHEREI ODER DEM HOBBYLADEN.

»An jenem Tag bewegte sich etwas aus dem Hintergrund in den Vordergrund. Ein Traum kam einen Schritt näher.«

– Jen Lee, Malerin/Filmemacherin

Und vergessen Sie nicht, Sie haben die Wahl. Sie können den nächstliegenden Stift nehmen und Folgendes schreiben: Verwegener, aber ehrfürchtiger Künstler sucht verwegenen, aber ehrfürchtigen Komplizen.

Rufen Sie _______________ (Name)

unter _______________ (Telefonnummer) an.

Oder Sie formulieren Ihre eigene Notiz. Etwas Kühnes, Verwegenes, Gewagtes.

Zumba für die Seele

- ✶ Sammeln Sie Coupons für etwas, das Sie nicht haben wollen, und legen diese deutlich sichtbar neben das Produkt im Ladenregal.
- ✶ Fotokopieren Sie Ihr Gesicht.
- ✶ Lesen Sie alles über einen Heiligen Ihrer Wahl.

Sie sind in guter Gesellschaft

Vincent van Gogh machte sich einst Sorgen, dass er nicht die nötigen Voraussetzungen besaß, um kreativ zu sein. Er fühlte sich als ein Mann, »dessen Herz gefangen gehalten wird«.

WOCHE 49

A little help from our friends

»Schart euch zusammen wie Sterne.«

– Henry Miller, Schriftteller

Mary Shelley, die kaum zwanzig war, als sie die klassische Erzählung *Frankenstein* schrieb, behauptete, sie hätte es nie getan ohne die Ermutigung von Freunden, die eine Zeit lang mit ihr zusammen in einer Villa am Genfer See wohnten. Es war ein trostloser, verregneter Sommer, und Shelley und ihre Freunde, unter ihnen ihr späterer Ehemann, Percy Shelley, sowie der Dichter Lord Byron, verbrachten lange Nächte vor dem Kaminfeuer. Mary, ermuntert durch ihre Dichterfreunde, die sich gegenseitig anspornten, eine Geistergeschichte zu schreiben, entschloss sich, es ebenso zu versuchen. Sie ließ sich diesen Gedanken immer wieder durch den Kopf gehen, bis sie eines Nachts von ihren Musen mit einer schreckenerregenden Geschichte über den heute weltweit bekannten jungen Arzt und sein unorthodoxes wissenschaftliches Experiment geweckt wurde.

Vielleicht wäre Mary Shelley nicht wach genug gewesen, die Geschichte einzufangen, wäre sie nicht umgeben gewesen von anderen Menschen mit künstlerischen Visionen.

Künstler brauchen Komplizen, die Wache halten und »Bravo!« rufen, wenn der andere lieber »Ich geb's auf« sagen will.
Dieser Mythos vom einsamen, leidgeprüften Künstler verlangt einen hohen Preis. Wir müssen nicht alleine sein, können häufig sogar besser kreativ arbeiten, wenn wir einen Blick aus der Isolation unseres künstlerischen Würgeeisens wagen, um »Hallo!« zu sagen.
Seit jeher haben Künstler sich in Cafés getroffen, um Ideen auszutauschen, über Herausgeber zu schimpfen, sich gegenseitig Tipps zu geben über die besten Läden, um Farbe oder Papier zu kaufen. Hemingways kleines schwarzes Buch zum Beispiel enthielt die Adressen von Gertrude Stein, F. Scott Fitzgerald, Matisse und vielen anderen wohlbekannten Künstlern.
Maxine Kumin und Anne Sexton, beide mit dem Pulitzerpreis ausgezeichnete Dichterinnen, hatten spezielle Telefonleitungen in ihren Wohnungen installieren lassen, damit sie stundenlang telefonieren und ihre Arbeit durchgehen konnten. Als junge Dichterinnen hatten sie sich bei einem Poesie-Kurs im Boston Center for Adult Education kennengelernt. Kurz darauf gründeten sie eine zwanglose Dichter-Gruppe, die sich zweimal im Monat in den jeweiligen Wohnungen der Mitglieder traf. Wann immer Maxine Kumins drei Kinder sahen, wie sie Becher und Gläser auf den Tisch stellte, protestierten sie: »Oh nein, nicht schon wieder die Dichter! Dann können wir nie einschlafen.«
Wahrscheinlich hatten sie recht. Wenn die Chemie stimmt, können Künstlertreffen laut und aufregend sein. Die Ideen des einen inspirieren die Visionen eines anderen. Jeder trägt seinen oder ihren Teil dazu bei, um etwas Größeres zu schaffen.
Schon vor Ablauf des ersten Jahres hatten vier oder fünf Mitglieder der Kumin-Sexton-Dichtergruppe Bücher veröffentlicht
Der Autor Tony Kushner, ebenfalls mit dem Pulitzerpreis ausgezeichnet, sagte, dass die Vorstellung, er allein habe *An-*

gels in America geschrieben, völliger Quatsch sei. Schauspieler, Regisseure, Ex-Geliebte, Freunde und sogar diverse One-Night-Stands – sie alle hatten ihre Spuren in seinem Stück hinterlassen. »Es ist reine Fiktion zu denken, dass Künstler in völliger Einsamkeit arbeiten und künstlerische Leistungen ausschließlich individuellem Talent zu verdanken sind«, fügte er hinzu.

Anstatt dass Kunst uns isoliert, wie es so oft romantisierend dargestellt wird, bringt sie uns in Wahrheit zusammen.

Wenn wir andere an unserer Arbeit teilhaben lassen, verbindet uns das auf eine tiefere Weise. Wir zeigen einander, wer und wie wir wirklich sind. Wenn wir ein Gedicht rezitieren oder ein Bild präsentieren, finden wir verwandte Seelen, kopfnickende Freunde, die sagen: »Ja, ich fühle ganz genau so.«

Wir alle wollen eine tief gehende Verbindung mit anderen, ihnen nahe sein.

In letzter Zeit jedoch haben wir gelernt, uns durch das zu verbinden, was die medizinisch intuitive Autorin Carolyn Myss »Woundology« nennt, was so viel bedeutet, wie sich mit anderen über all die schlimmen Sachen auszutauschen, die einem passiert sind. Und das geht ungefähr so: Ich erzähle Ihnen, dass mein Vater nie Zeit für mich hatte, dass ich eine Beziehung mit einem Alkoholiker hatte, und dass ich süchtig danach war, gebraucht zu werden, mich allerdings auf dem Weg der Heilung befinde. Und Sie glauben gar nicht, was für eine Gesprächslawine damit losgetreten wird.

Das Problem ist nur, dass wir von jetzt an einander nur mit Samthandschuhen anfassen. Lass mich nicht sitzen, weil mich das an meinen Vater erinnert, und ich muss dann echt traurig sein und dich ablehnen und bla, bla, bla, bla.

Stimmt schon, wir sind miteinander verbunden. Doch ist das die Art von Verbindung, die wirklich gut für uns ist, die eine Freundschaft wirklich fördert?

Ich würde Ihnen stattdessen eine wesentlich bessere Möglichkeit empfehlen, den Kontakt mit anderen zu vertiefen. Indem wir einander zum Beispiel unsere größten Träume erzählen. Einander die Gedichte vorlesen, die wir heimlich geschrieben haben. So tun, als wären Sie Mark Ruffalo und ich Nicole Kidman, und wir gehen ins Café und schlagen uns den Bauch mit Erdbeertorte voll.

Sicher, wir werden gelegentlich auf Wut und Angst stoßen, doch wenn wir diese feurigen Emotionen in einen Charakter projizieren, eine Figur in einem Drama, eine Kurzgeschichte, einen Song, dann lassen wir diese Gefühle hochkommen, und sie verschwinden. Indem wir sie in etwas Greifbares und Reales verwandeln, etwas, das wir mit einem anderen Menschen teilen können, sind wir danach frei, es loszulassen.

Über Probleme zu reden ist durchaus gut. Jeder braucht das Gefühl, dass sich jemand um uns kümmert und zuhört. Doch wenn Sie Ihre Angst in etwas anderes verwandeln – eine Geschichte, ein Gedicht – wird sie konkret, und plötzlich kontrollieren *Sie* die Angst anstatt sich von ihr kontrollieren zu lassen.

Ich bin es satt, mit meinen Schwächen anzugeben in der Hoffnung, dass die anderen mich vielleicht mögen, weil ich ach so unsicher oder ängstlich bin. Zugegeben, ich habe mit dem Gedanken gespielt, mir die Pulsadern aufzuschneiden. Und ich bin auch schon auf allen vieren einem Liebhaber hinterhergekrochen und habe ihn angefleht, mich nicht zu verlassen. Doch ebenso bin ich eine tanzende Göttin, ein wirbelnder Meister, der sich danach sehnt, mit dem Gott in Ihnen zu tanzen.

Los geht's!

SCHREIBEN SIE EIN GEDICHT.

»Rednerblockade? Gibt es nicht.«

– Seth Godin, Ausnahme-Blogger

Es mag hilfreich sein, eine rote Baskenmütze aufzusetzen. Oder sich einen jener struppigen Bärte wachsen zu lassen. Was immer Ihnen gefällt. Komponieren Sie ein Gedicht, das sich reimt, ein Haiku oder ein Poem, das Ihre Frustrationen ausdrückt. Wichtig ist nur, *dass* Sie was schreiben.

Auf der nächsten Seite finden Sie ein Gedicht, das ich geschrieben habe, angelehnt an das beliebte Buch von Dr. Seuss, *Grünes Ei mit Speck.* Es sollte wenigstens Ihre eventuellen Frustrationen beseitigen, die Sie in Bezug darauf haben, ob Sie »gut genug« sind oder »nicht wissen, wie man das macht«. Bis zu dem Moment, als ich dieses Gedicht für einen meiner Kreativitätskurse verfasste, hatte ich noch nie eins geschrieben.

»Grüne Eier und Pam«
Ich bin Pam.
Pam, das bin ich.
Ich mochte diese Pam nicht, die ich bin.
Die immer sagte, »Ja, Sir«, »Ja, Ma'am«.
Und ihr wahres Selbst versteckte.

Ich mochte diese Pam nicht, die ich bin.
Ich mochte nicht »Ja, Sir« und »Ja, Ma'am« sagen.

Ich sehnte mich danach, aus meinem Gefängnis auszubrechen.
Zu tanzen, zu schreien, ein Fuchs zu sein.
»Ja, Sir« und »Ja, Ma'am« gefielen mir nicht.
Ich mochte die Worte nicht.
Pam, die ich bin.

Doch würde ich? Könnte ich?
Die Gitter sprengen?
Würde ich? Könnte ich? Nach den Sternen greifen?

Nicht in meiner Zelle.
Nicht als Fuchs.
Nicht wenn ich zittere
Aus Furcht vor den Glotzern.

Vielleicht mag ich sie. Pam.
Ich werde sehen.
Vielleicht mag ich es, einfach ich zu sein.

Doch würde ich? Könnte ich?
Die Angst durchbrechen?
Sei hier. Im Jetzt.
Geh' mit Richard Gere aus.

Versuch es. Versuch es.
Und dann werde ich schon sehen.
Vielleicht mag ich es, ich zu sein.

Sag es!
Ich mag diese Pam, die ich bin.
Wirklich. Ich mag sie.
Pam, die ich bin.

Ich mag sie sogar, wenn sie leidet.

Und im Dunkeln.
Und wenn es regnet.

Und als einen Star. Und auf einem Baum.
Sie ist so sehr ich, total ich, ihr werdet sehen.

Ich mag diese Pam so sehr, die ich bin.
Danke. Danke.
Pam, die ich bin.
Ich bin Pam.

Zumba für die Seele

- ✶ Entwerfen Sie ein Zertifikat (für den besten Witzeerzähler? Den besten Kumpel?) und schenken Sie es jemandem.
- ✶ Sprechen Sie lustige Botschaften auf die Voicemails von Freunden.
- ✶ Holen Sie sich ein Buch über Zaubersprüche aus der Bücherei. Wenden Sie einen an. Mit den besten Absichten.

Sie sind in guter Gesellschaft

Die Beatles wurden von den Produzenten bei Decca Records abgelehnt, weil »Gitarrenbands bald nicht mehr gefragt sind«.

WOCHE 50

Eine stolze Sippschaft

»Und doch leben sie, die von uns gegangen sind,
weiter in uns, als Veranlagung, als schicksalhafte Last,
als Blut, das in unseren Adern raunt, und als Gebärde,
die aus den Tiefen der Zeit empor steigt.«

– RAINER MARIA RILKE, Dichter

Künstler zu werden ist ein wenig so, wie dem Lions Club beizutreten. Die geheime Losung lautet: »Ich möchte mehr sein«, der geheime Handschlag: »Ich glaube«.

Die einzigen Beiträge sind die, die Sie sich selbst zahlen, die Zeit, die Sie dafür reservieren, »allein zu sein« und »hinzuhören«. Die Einführung besteht aus der Einwilligung, etwas Größeres, Umfassenderes zu sehen; tiefer zu gehen, wenn konventionelles Denken behauptet: »Das ist alles, Mehr gibt es nicht.« Während andere versuchen, das Buch zu schließen, öffnet der Künstler es und sagt: »Es gibt noch so viel mehr Seiten.«

»Ja« zu sagen zu der Muse, die so ungemein leise in Ihr Ohr flüstert, ist ein heiliger Pakt. Zu sagen, »Hier bin ich« zu jedweder Art von Kunst heißt, einer mächtigen Bruderschaft beizutreten.

Es bedeutet, von Angesicht zu Angesicht Rumi und Shakespeare gegenüberzustehen, sich den Mantel von Gauguin, Gilda Radner, Peter Gabriel umzuhängen. Es bedeutet, einem stolzen Kreis mit vielen Mitgliedern aller Orte und Zeiten beizutreten.

Gehen Sie zu Ihren Brüdern und Schwestern, diesen verwandten Seelen, und lernen Sie von ihnen, von ihren Erfolgen und Versäumnissen, und dann fügen Sie Ihren Teil dazu bei. Diese Menschen haben Steine für Sie zurückgelassen, auf die Sie Ihren Fuß setzen können, Spuren im Sand, denen Sie folgen können. Es gibt keinen Grund zur Sorge, dass Sie nichts Neues oder Originelles beisteuern können.

Bevor Beethoven anfing, 500 Musikstücke im Jahr zu komponieren, studierte er unter seinem Meister Joseph Haydn. Eric Clapton folgte dem Vorbild von John Lee Hooker, B.B. King und Buddy Guy. Es muss wohl kaum erwähnt werden, dass er seither Scharen von Musikern inspiriert hat, die uns heute mit ihrer Kunst beglücken.

»Ich habe häufig das Gefühl, als hätte man mir etwas dargereicht, um es weiterzugeben. Es ist, als würde man eine Fackel tragen«, sagt Clapton.

Am Anfang imitieren wir vielleicht unsere Helden, ahmen sogar ihren Stil nach. Das ist völlig okay. Imitation ist für den beginnenden Künstler ganz natürlich und notwendig. Sogar der junge Picasso malte in den ersten Jahren seiner angehenden Karriere im Stil seiner Zeitgenossen.

Irgendwann jedoch, wenn wir uns lange genug ernsthaft mit unserer Kunst beschäftigt haben, treten unser eigener Stil und unsere eigene Stimme in den Vordergrund, um den ihnen gebührenden Platz auf dem Totempfahl des Fortschritts einzunehmen.

Eine der Lektionen, die mir besonders am Herzen liegt, stammt aus John Steinbecks *Working Days: The Journal of the Grapes of Wrath.* Es ist ein Tagebuch aus dem Jahr 1939 und schildert im Detail die quälenden Selbstzweifel und Ängste, die er beim Schreiben seines Romans durchgestanden hat.

Vergessen Sie nicht, dass *Früchte des Zorns* den Pulitzerpreis gewann und das Fundament legte für Steinbecks Nobelpreis zwanzig Jahre später. Und vergessen Sie auch nicht, dass Steinbeck es fertigbrachte, satte 27 Bücher zu schreiben!
Obwohl er ausdrücklich anordnete, dass seine enthüllenden Memoiren erst nach seinem Tod veröffentlicht werden sollten, bin ich ihm ewig dankbar, dass er schließlich nachgab und einer Veröffentlichung zu Lebzeiten zustimmte. Dieses ungeheuer eindrucksvolle Tagebuch bietet einen flüchtigen Blick in Steinbecks tägliche Gedankenprozesse und ist die inspirierende Beschreibung eines keineswegs perfekten, doch bedingungslos seiner Kunst verpflichteten kreativen Meisters.
Es folgen kurze Auszüge aus dem Tagebuch eines Autors, heute weltweit als Genie geschätzt, der unter dem gleichen Betrüger-Syndrom litt wie der Rest von uns:

»Meine vielen Schwächen beginnen, ihr Gesicht zu zeigen. Ich bin kein Schriftsteller. Ich habe mich und andere Leute zum Narren gehalten.«
»Ich werde von meiner eigenen Ignoranz und Unfähigkeit überwältigt.«
»Niemand kennt meinen Mangel an Fähigkeit so gut wie ich. Ich muss mich ständig dagegen wehren.«
»Dieses Buch ist dank meiner Unzulänglichkeit eine totale Misere für mich geworden.«
»Es ist ein ganz normales Buch, nicht besser als alle anderen. Und das Schlimme daran ist, dass es das absolut Beste ist, was ich zustande bringe.«

Wie bitte? Ganz normal? *Früchte des Zorns* gewann zwei der am höchsten angesehenen Literaturpreise.
Steinbecks Tagebuch ist ein wichtiger kreativer Bericht für diejenigen unter uns, die sich mit den Künsten abmühen. Es erin-

nert uns daran, dass die einzige Qualität, die das Brillante vom Durchschnittlichen trennt, die Bereitschaft ist, Zweifel zuzulassen und trotzdem weiterzumachen.

Ich ermutige Sie, sich auf die Schultern von John Steinbeck und anderen Künstlern zu stellen, die Ihnen vorausgegangen sind. Nehmen Sie ihre Hand und lassen Sie sich über den Abgrund helfen.

Los geht's!

ENTWERFEN SIE DEN BUCHUMSCHLAG IHRER MEMOIREN.

»Kunst versetzt uns in die Lage, uns selbst zu finden und gleichzeitig zu verlieren.«

– Thomas Merton, amerikanischer Mönch

Vielleicht möchten Sie einfach Ihr Gesicht im Großformat zeigen, mit dem Titel Ihres Buches eingebettet in Ihren Vorderzähnen. Oder vielleicht wollen Sie lieber Ihr Zeichenheft aus der sechsten Klasse nehmen oder die Siegestrophäe, die Sie im Sommer desselben Jahres im Sackhüpfen gewonnen haben. Welche Farbe soll Ihr Buchumschlag haben? Werden viele Wörter darauf stehen? Ein ausgefallener Untertitel? Vergessen Sie nicht, Sie sind der Designer. Was würde Sie am besten in den Augen der Welt repräsentieren?

Zumba für die Seele

- ✶ Entwerfen Sie eine Leuchtreklame für den Times Square.
- ✶ Schicken Sie einen Tweet an Ihren Volksvertreter.
- ✶ Schießen Sie ein Selfie mit jemand, den Sie noch nie zuvor getroffen haben.

Sie sind in guter Gesellschaft

Die Lehrer des Opernsängers Enrico Caruso sagten, er hätte überhaupt keine Stimme und könne nicht singen. Seine Eltern redeten ihm zu, Ingenieur zu werden.

WOCHE 51

Das Leben feiern

»Ich möchte losrennen, mit beiden Händen diese großartigste Zeit zu leben in der Geschichte der Menschheit ergreifen, meine Sinne damit vollstopfen, sie sehen, sie berühren, ihr zuhören, sie riechen, sie schmecken und hoffen, dass andere mit mir losrennen werden, um Ideen sowie aus Ideen gemachte Maschinen zu verfolgen und von ihnen verfolgt zu werden.«

– Ray Bradbury, hochproduktiver Science-Fiction-Autor

Wie lange ist es her, seit Sie das letzte Mal getanzt haben? Seien Sie ehrlich. Ich rede über richtiges Tanzen, bei dem der Rhythmus und Ihr Körper eins werden. Wo Sie sich dem Rhythmus hingegeben und jedes Zeitgefühl verloren haben. Wann war das letzte Mal, dass Sie ein Lied gesungen haben? Oder auf der Straße gehüpft sind? Oder auch einfach nur gelacht haben?

In *Die göttlichen Geheimnisse der Ya-Ya-Schwestern* überlebten die Ya-Yas, vier lebenslange Freundinnen, Scheidung, Alkoholsucht und sogar Todesfälle mittels Humor und einem Sinn für das Schöne in den Dingen des alltäglichen Lebens. Im Ganzen gesehen, war ihr Leben eigentlich normal. Keine von ihnen war berühmt oder hatte eine weltbewegende Karriere.

Keine von ihnen war Millionärin oder außerhalb ihrer kleinen Stadt Thornton, Alabama, bekannt. Aber ich sage Ihnen, diese Frauen wussten zu leben. Sie verwandelten ihr durchschnittliches Leben in etwas Außergewöhnliches. Sie bereiteten nicht einfach das Abendessen zu. Sie veranstalteten wahre Festmahle. Sie gaben nicht einfach Partys. Sie luden zu Galas.
Genau darum geht es bei Kreativität. Es geht um mehr als nur ein Bild zu malen oder ein Gedicht einzureichen. Es geht darum, sein Leben zu gestalten.
Suchen Sie im Lexikon nach dem Begriff Kreativität, und Sie werden ein Bild meiner Freundin Michelle finden. Sie schreibt nie (außer Weihnachtskarten im Januar) und malt auch nie, doch alles, was sie tut, tut sie mit Freude an der Sache. In ihrer Küche zum Beispiel hängt das Bild eines feuerspeienden Drachens, versehen mit den Worten: »Mutter ohne Kaffee«. Jeden Februar veranstaltet sie ein Monty-Python-Filmfestival, schneidert Kostüme, die auch in Las Vegas gut ankommen würden, und schmeißt Partys, wo jeder nackt erscheint, nur mit einem Regenmantel bekleidet.
Sie ist jemand mit der Gesinnung von Dame Edith Sitwell, die gesagt hat: »Ich bin nicht exzentrisch. Ich bin nur lebendiger als die meisten Menschen. Ein elektrischer Aal in einem Goldfischteich.«
Die große Mehrheit der Erwachsenen ist zu Goldfischen mutiert. Sie haben ihren Freude-Regler ganz nach unten gedreht. Spaß zu haben ist einfach zu umständlich. Sie versuchen, Energie zu sparen. Was sie nicht erkennen, ist, dass Freude und Vergnügen in Wahrheit Energie erzeugen.
Wenn Sie das nächste Mal am Flughafen sind, achten Sie darauf, was passiert, wenn ein Flug storniert wird. Die Kinder merken es kaum. Sie spielen Himmel-und-Hölle, imitieren Elsa aus dem Disney-Film *Die Eiskönigin*, spielen Verstecken oder kriechen unter ihre Sitze. Nur sind ihre Sitze in Wahrheit

keine Sitze. Es sind Spukhäuser oder Schlösser oder magische Spielzimmer.

Erwachsene sitzen einfach da und starren auf ihre Handys.

Jeden Tag haben wir 1.440 Minuten zur Verfügung. Wir können diese kostbaren Minuten entweder damit vergeuden, auf unsere Handys zu glotzen, oder uns selbst in elektrische Aale verwandeln.

Los geht's!

HOLEN SIE DIE WASSERFARBEN RAUS.

»Der kreative Prozess wird nicht von einem Schalter kontrolliert, den man einfach ein- oder ausschaltet; er ist immer präsent.«

– Alvin Ailey, Tänzer und Choreograf

Ich möchte es nicht hören. Es ist mir egal, dass Sie seit der fünften Klasse nicht mehr gemalt haben; es interessiert mich nicht, dass Sie keine Wasserfarben haben. Die können Sie schnell im nächsten Drogeriemarkt für ein paar Euro kaufen. Und Sie können auf normalem Schreibpapier malen. Vergessen Sie nicht, wir sind hier, um Spaß zu haben.

Zumba für die Seele

- Entwerfen Sie eine Einladung für Ihre erste Kunstausstellung.
- Stellen Sie Ihre Möbel um.
- Erfreuen Sie Ihre Mitmenschen ganz zufällig mit drei freundlichen Gesten.

Sie sind in guter Gesellschaft

Der legendäre französische Regisseur François Truffaut war jahrelang Filmkritiker, weil er zu viel Angst hatte, seine eigenen Filme zu drehen.

WOCHE 52

Das einzige Buch, das ihr Leben verändern wird, ist das, was sie selbst schreiben

»Und ja, sagte ich, ja, ich werde es tun. Ja.«

– James Joyce, irischer Schriftsteller

Handbuch für ein Leben als Künstler:

A) Besorgen Sie sich ein einfaches Notizheft. In den Sommerferien bekommen Sie zwei zum Preis von einem.
B) Besorgen Sie sich einen Stift. Sie können problemlos einen von Ihrer Bank stibitzen.

Mit diesen einfachen Werkzeugen können Sie ein Meisterwerk zeichnen, ein Gedicht zu Papier bringen oder das demnächst Oscar-nominierte Drehbuch schreiben. Die Werkzeuge selbst sind irrelevant. Was zählt ist, präsent zu sein, verfügbar, die Pipeline, durch die Kreativität fließen kann.
Sie müssen überhaupt nichts wissen, wenn Sie anfangen. Unsicherheit, ungeachtet all dessen, was man Ihnen eingetrichtert hat, ist eine Tugend.

Ebenso wenig ist es nötig, dass Sie irgendeine beliebige Technik perfektionieren. Sobald eine Kunst zur Technik wird, verliert sie ihre Unbefangenheit, ihre Frische, ihren Hauch von Abenteuer. Sie wird zum Geschäft.
Leidenschaft, Liebe, das brennende Feuer in Ihrer Seele ist es, was Ihrer Kunst Form verleihen wird.
Geben Sie jeglichen Widerstand auf, wie Klein-Doofi auszusehen. Nehmen Sie Fehler und Überraschungen an. Seien Sie bereit, in unbekanntes Terrain vorzustoßen.
Mit anderen Worten: Sie müssen den Stift in die Hand nehmen. Sie müssen anfangen. Ideen kommen nur, wenn Sie etwas tun. Ausdauer, Beständigkeit, täglicher Kontakt mit den Musen – wie Steinbeck uns gezeigt hat, ist das der beste Garant für Qualität. Und Erfolg.
Die Autoren des Buches *Kunst & Angst* erzählen die folgende Geschichte, die – meiner unmaßgeblichen Meinung nach – alles sagt:
Ein Lehrer für Töpferei teilte zu Beginn des Semesters seine Schüler in zwei Gruppen auf. Die erste sollte ausschließlich nach der Quantität ihrer Werke benotet werden. Die Noten würden mithilfe einer Badezimmerwaage gemessen werden. Schüler, die zum Beispiel 50 Krüge fertigten, bekämen eine Eins, solche mit 40 Krügen eine Zwei, und so weiter. Die zweite Gruppe musste nur einen Krug herstellen, allerdings musste er perfekt sein. Die Noten würden sich alleine auf die Qualität beziehen.
Dann passierte etwas Lustiges. Am Ende des Semesters waren die Schüler mit *einem* Topf nicht nur mit den Nerven völlig am Ende, darüber hinaus waren ihre Töpfe, die angeblichen Meisterwerke, an denen sie vier lange Monate gearbeitet hatten, alles andere als perfekt.
Die Schüler, die einfach drauflos getöpfert und einen Krug nach dem anderen geformt hatten, lieferten am Ende Arbeiten

von höchster Qualität ab. Anstatt herumzusitzen und über die besten Methoden zu theoretisieren, haben diese Schüler einfach geübt und immer wieder geübt, aus ihren Fehlern gelernt und weiter geübt.

Wenn Sie einfach anfangen, direkt mit der Arbeit loslegen, können Sie so gut wie immer herausfinden, wie man eine Sache meistert. Die technischen Aspekte der Kreativität (zum Beispiel das Formatieren, das Mischen von Farben, die Beleuchtung) machen weniger als zehn Prozent jedes kreativen Unterfangens aus. Die anderen 90 Prozent sind das Resultat von Übung, von Hingabe, von etwas, das viel größer ist als Sie.

Fürchten Sie nicht, fehlerhafte oder schlechte Projekte zu machen. Fürchten Sie höchstens, überhaupt nichts zu machen.

Los geht's!

WIE WÄR'S MIT EINEM AUFTRITT ALS STRASSENKÜNSTLER?

»Kunst soll mein Schutzschild und Ehrlichkeit meine Lanze sein, und zur Hölle mit Jack und seinen eng stehenden Augen.«

– Maya Angelou, Autorin diverser Bestseller

Also gut, was genau eignet sich als Performance-Stück? Sie könnten sich unter anderem als Elvis verkleiden und tanzen gehen. Sie könnten sich blau anmalen und als Pantomime im Park auftreten. In San Francisco habe ich mal eine menschliche Jukebox gesehen. Der Typ in der Box sang die gewünschten Lieder, je nachdem in welchen Slot Sie Ihren Dollar warfen. Sie können aus einem alten Papierkorb eine Trommel machen oder Rasseln aus leeren Colaflaschen, die Sie mit Bohnen füllen. Oder vielleicht möchten Sie ein neues Instrument erfinden, wie die Musiker aus Peru, die aus den Zehennägeln von Ziegen Rasseln herstellen und ein Saiteninstrument aus dem Panzer eines Gürteltiers fertigen. Vergessen Sie nicht, alles ist möglich. Wenn es Ihnen lieber ist, profilieren Sie sich in einer Karaoke-Bar.

Zumba für die Seele

- ✶ Lernen Sie, »Hi!« in Zeichensprache zu sagen.
- ✶ Gehen Sie in ein Restaurant in einem Teil der Stadt, wo Sie noch nie waren.
- ✶ Machen Sie eine Liste von 100 Dingen, die Sie tun wollen, bevor Sie den Löffel abgeben.

Sie sind in guter Gesellschaft

Selbst nachdem er vier Oscars, zwei Emmys und drei Golden Globes gewonnen und in seinem Heimatland Großbritannien zum Sir ernannt worden war, gestand Laurence Olivier: »Lampenfieber lauert noch immer vor der Tür, egal welcher Tür, und wartet darauf, mich zu packen. Sie kann sich jederzeit melden, überall, in jeder erdenklichen Form.«

Nachwort

Das kreative Leben

»Jede Sekunde erleben wir einen neuen und einzigartigen Moment des Universums, einen Moment, der nie zuvor existierte und nie wieder existieren wird.«

– Pablo Casals, Cellist

Manche unter Ihnen haben dieses Buch gekauft in der Hoffnung, es möge eine bestimmte künstlerische Karriere befeuern. Vielleicht möchten Sie Schriftsteller oder Schauspieler sein oder irgendeinen anderen vorgegebenen kreativen Weg beschreiten. Wenn dies auch eine noble Absicht ist, und ich gratuliere Ihnen und sende meine besten Wünsche für grenzenlosen Erfolg, möchte ich dennoch darauf hinweisen, dass das wahre Ziel dieses Buches ist, sich so weit und schnell wie möglich von allem wegzubewegen, was Sie zu wissen glauben. Kreativ zu leben hat nichts mit einer bestimmten Karriere zu tun. Vielmehr geht es darum, alles, was Sie tun, mit Kreativität, Fantasie, Erfindungsgeist und Verspieltheit zu erfüllen.

Jede Minute Ihres Lebens bietet Ihnen Gelegenheiten für Kreativität. Egal ob Sie Kinder großziehen, ein Verkaufsgespräch führen oder auf der Zumba-Tanzfläche ein Rad schlagen.

Kreativität ist eine Geisteshaltung – eine unbekümmerte Weise, frisch drauf los an Ihren Tag heranzugehen.
Sie müssen nichts wissen. Sie müssen nur anfangen.
Ihre einzige Aufgabe ist, zu sagen: »Ja!« Zu singen: »Hallelujah!« Es so lange in die Welt hinauszuträllern, bis es zu einem heiligen Mantra wird.
Werfen Sie die Fesseln der Vergangenheit ab. Sagen Sie »Nein« zu dem ganzen belanglosen Plunder, den armseligen Reifen, durch die Sie wie ein dressierter Löwe gesprungen sind.
Pablo Casals, der berühmte Cellist, hat einmal gefragt: »Was lehren wir den Kindern in der Schule? Wir lehren sie, dass zwei Mal zwei vier ergibt und dass Paris die Hauptstadt von Frankreich ist. Wann werden wir sie lehren, wer sie in Wahrheit sind? Wir sollten jedem Einzelnen von ihnen sagen: Du bist ein Wunderwerk. Du bist einzigartig. Es gibt auf der ganzen Welt kein anderes Kind, das genauso ist wie du. In den Millionen von Jahren, die seit Anbeginn der Zeit vergangen sind, hat es nie ein Kind wie dich gegeben. Du vermagst alles zu tun, was dir vorschwebt.«
Das ist der Grund, warum das kreative Leben eine göttliche Berufung ist. Entkorken Sie die Champagnerflasche. Streuen Sie goldglitzerndes Konfetti aus. Wir sind hier, um die heilige Vision Gottes erblühen zu lassen.

DANKSAGUNG

Die tollsten Requisiten jedweder Art für alle meine Leser, die mich jeden Tag aufs Neue mit E-Mails und freundlichen Worten entzücken. Und wie immer danke an meine Möglichkeiten-Gangs (ihr wisst, wer ihr seid) und an Jim Dick und Tasman Grout. Ich fühle mich über alle Maßen gesegnet.